www.ingramcontent.com/pod-product-compliance
Lightning Source LLC
LaVergne TN
LVHW010600070526
838199LV00063BA/5023
* 9 7 8 9 3 5 8 7 2 9 8 2 5 *

# بہادر یار جنگ:
# ایک علم دوست شخصیت

(مجلہ 'اقبال ریویو' کے 'بہادر یار جنگ نمبر' سے ماخوذ مضامین)

مرتبہ:

سید امتیاز الدین

© Syed Imtiazuddin


**Bahadur Yar Jung : aik Ilm-dost Shakhsiat** (Essays)
by: Syed Imtiazuddin
Edition: March '2024
Publisher :
*Taemeer Publications LLC* (Michigan, USA / Hyderabad, India)

ISBN 978-93-5872-982-5

مصنف یا ناشر کی پیشگی اجازت کے بغیر اس کتاب کا کوئی بھی حصہ کسی بھی شکل میں بشمول ویب سائٹ پر اَپ لوڈنگ کے لیے استعمال نہ کیا جائے۔ نیز اس کتاب پر کسی بھی قسم کے تنازع کو نمٹانے کا اختیار صرف حیدرآباد (تلنگانہ) کی عدلیہ کو ہو گا۔

© سید امتیاز الدین

| | | |
|---|---|---|
| کتاب | : | **بہادر یار جنگ : ایک علم دوست شخصیت** |
| مصنف | : | **سید امتیاز الدین** |
| پروف ریڈنگ / تدوین | : | اعجاز عبید |
| صنف | : | غیر افسانوی نثر |
| ناشر | : | تعمیر پبلی کیشنز (حیدرآباد، انڈیا) |
| سالِ اشاعت | : | ۲۰۲۴ء |
| صفحات | : | ۸۸ |
| سرورق ڈیزائن | : | تعمیر ویب ڈیزائن |

# فہرست

| | | |
|---|---|---|
| مجھے کہنا ہے کچھ اپنی زبان میں۔۔۔ ! | محمد ظہیر الدین احمد | 6 |
| بہادر یار جنگؒ اور اقبال | نظر حیدرآبادی | 10 |
| درس اقبالؒ | نذیر الدین احمد | 15 |
| علّامہ اقبال اور قائدِ ملت نواب بہادر یار جنگ | نذیر الدین احمد | 18 |
| کیا پوچھتے ہو، کسے کھو دیا | سید خلیل اللہ حسینی | 32 |
| اقبال اور قائد ملت بہادر خان مرحوم | غلام دستگیر رشیدؔ | 40 |
| اقبال کا شاہین زادہ | بہادر یار جنگ | 45 |
| ادارۂ اقبال لکھنو میں بہادر یار جنگ کی افتتاحی تقریر | عبد الوحید خاں | 48 |
| اقبال کا پیام آزادی | بہادر یار جنگ | 51 |
| اے کہ ترا سرِ نیاز حدِّ کمالِ بندگی | بہادر یار جنگ | 72 |
| قائد ملت اور بزمِ اقبال حیدرآباد دکن | حسن یار جنگ | 74 |
| شذرات | ۔ | 76 |
| حیاتِ بہادر یار جنگؒ بہ یک نظر | ۔ | 78 |
| بہادر یار جنگ کے خطباتِ صدارت سے چند اقتباسات | ۔ | 83 |
| فکرِ اقبال کا مثالی پیکر | نذیر الدین احمد | 87 |

# مجھے کہنا ہے کچھ اپنی زبان میں ۔۔۔!

قائدِ ملت نواب بہادر یار جنگ کے صد سالہ یوم پیدائش کے موقع پر، اقبال اکیڈیمی کے جریدہ اقبال ریویو کی یہ خصوصی پیش کش ہدیۂ ناظرین ہے، بہادر یار جنگ ۵ !مارچ ۱۹۰۵ء کو پیدا ہوئے۔ حیات ذوق سفر کے سوا کچھ اور نہیں، امر سے آگاہ یہ مرد مومن اس دنیائے فانی سے سفر کر گیا۔ اس طرح ان کی زندگی کے چالیس سال بھی مکمل نہیں ہوئے تھے۔ لیکن اس مختصر مدت میں "نہیں ہے بندۂ مومن کے لئے جہاں میں فراغ" کے مصداق ان کی پوری زندگی سوزِ درون اور جہدِ مسلسل سے عبارت تھی۔ ان کے کارناموں کی تفصیل کا یہ موقع نہیں ہے، شاید صرف یہ کہنا کافی ہے کہ انھوں نے اس نہایت ہی کم عرصۂ حیات میں نہ صرف حیدرآباد دکن بلکہ سارے ہندوستان میں ہلچل مچادی۔

کسی بھی بڑی شخصیت کے کئی کارنامے ایسے ہوتے ہیں جو ان کے اپنے دور کی پیدا وار ہوتے ہیں اس لئے کسی بھی شخصیت کو پرکھنے، جانچنے کے لئے اس عصر کے تقاضوں کو پیش نظر رکھنا ضروری ہوتا ہے۔ ورنہ ہم وقتی ہنگاموں اور اس کے اثرات سے متاثر ہو کر نہ سابقہ ریاست حیدرآباد باقی رہی، نہ سیاست کی وہ ہنگامہ آرائیاں باقی رہیں، نہ حالات کے وہ پیچ و خم رہے جن کو سلجھانے میں ان کی مختصر عمر عزیز کا بڑا حصہ صرف ہوا بعض شواہد اور قرائین کی روشنی میں یہ بات بھی کہی جاسکتی ہے کہ اندرونی اور بیرونی مخالفتوں

اور سازشوں کا دانشمندی سے سامنا کرتے ہوئے وہ حیدرآباد کی سیاست کو جس رخ پر لے جانا چاہتے تھے، وہ کچھ اور ہوتی۔ لیکن ان کی اچانک اور بے وقت موت نے اس کی مہلت نہ دی۔ لیکن بہت سے کارنامے ایسے ہیں جو انھیں اپنے عصر سے بلند بنا دیتے ہیں اور جن کا فیضان جاری رہتا ہے۔ ان کی سیاسی تگ ودو سے اگر ہم صرفِ نظر کرلیں جو آج کے دور میں بے معنی ہے تو اُن کی شخصیت کے کئی تابناک پہلو ہمارے سامنے آتے ہیں جن کی معنویت زمانہ کی پابند نہیں ہوتی۔ بہ حیثیت ایک انسان کے وہ ایک اعلیٰ ظرف، وسیع المشرب، دیانت دار، مخلص اور انسانیت دوست شخصیت کے حامل تھے جس کا ثبوت ان کی زندگی کے کئی واقعات سے دیا جاسکتا ہے۔ بے رحم سیاست نے ان کی زندگی کے کئی پہلوؤں پر نقاب ڈال دئے۔ ان کی انسانیت دوستی کے ثبوت کے لئے یہاں صرف ایک واقعہ بیان کرنا کافی ہے کہ ہندوؤں اور مسلمانوں کے درمیان زمین کی ملکیت کے بارے میں ایک تنازعہ میں دونوں فریقوں نے انھیں ثالث بنایا۔ انھوں نے فیصلہ ہندو برادرانِ وطن کے حق میں دیا۔ وہ خوش ہوئے کہ انھوں نے ایک سچے اور دیانت دار شخص پر اعتماد کرکے کوئی غلطی نہیں کی۔ بعض ناراض مسلمانوں کو انھوں نے سمجھایا کہ قرآنِ مجید میں اللہ سبحانہ نے عدل کا حکم دیا ہے۔ چاہے فیصلہ اپنوں کے خلاف ہی کیوں نہ ہو، سیاست سے ہٹ کر، اُس وقت کے حیدرآباد کے سماج میں اخلاقی، تعلیمی، معاشی بہتری کے لئے ان کے کئی اقدامات کو پیش کیا جاسکتا ہے۔

اُن کے نہایت قریب رہنے والے رفقاء گواہی دیتے ہیں کہ اُن کی زندگی اقبال کے تصور مردِ مومن کا عملی پیکر تھی۔ وہ اقبال کی شخصیت اور ان کے دلنواز اور پرسوز پیام کے عاشق تھے۔ پروفیسر غلام دستگیر رشید نے لکھا۔ "اُن کی فکر و نظر کا ایک سرچشمۂ شیریں اقبال تھا، اقبال کے کلام میں انھیں فکر و نظر کا ایک آئینہ مل گیا تھا۔" ڈاکٹر رضی

الدین صدیقی کہتے ہیں۔ "انھوں نے اقبال کے پیام و کلام کی روح کو اپنے اندر جذب کر لیا تھا، یہی وجہ ہے کہ اقبال کا قال اُن کا حال بن گیا تھا۔" لیکن خود اقبال کے روحانی فکری اور تخلیقی سر چشمے کیا تھے۔؟

یہ سر چشمے تھے، قرآنِ مجید کی ابدی تعلیمات سے بے پناہ شغف، رحمۃ للعلمین ﷺ سے شدید محبت، انسانیت اور ملت کے لئے درد مندی اور تڑپ۔! بہادر یار جنگ بھی ان ہی سر چشموں سے فیض یاب تھے۔ اس بات کی تصدیق آپ کو ریویو کے ان صفحات سے ہو جائے گی۔ بہادر یار جنگ اقبال کی اس "متاع درد و سوزِ آرزو مندی" کو اپنے قافلے میں لٹاتے رہے۔ ان کی پر جوش تقاریر، محافلِ درس اقبال، اقبال فہمی کے لئے اداروں کے قیام میں ان کی حوصلہ افزائی، یہ سب باتیں ان کے تذکروں میں محفوظ ہیں۔ شاید ایک اشارہ یہاں بے محل نہ ہو گا کہ ابتدا میں خود اقبال اور پیام اقبال کی پذیرائی میں حیدرآباد کے اربابِ سیاست کا رویہ موافق نہیں تھا۔ لیکن بہادر یار جنگ کی پر خلوص مساعی نے اس پیام کو عوام اور خواص میں مقبول بنا دیا اور سربراہان حکومت بھی تحسین اقبال میں شامل ہو گئے۔ اور آج بھی ان کے فیضان کا سلسلہ جاری ہے۔

تعمیر ملت اور اقبال اکیڈیمی کے بانی جناب سید خلیل اللہ حسینی، بہادر یار جنگ کی شخصیت سے بے حد متاثر تھے۔ ملت کی تعمیر نو میں ان کے جرأت مندانہ اقدامات ایک اعتبار سے بہادر یار جنگ کی آرزو کی تکمیل تھے۔ اسی سلسلہ کی ایک اہم کڑی اقبال اکیڈیمی کا قیام ہے۔ جو بہادر یار جنگ کی مساعی کا تسلسل ہے۔ آج اکیڈیمی کی سرگرمیاں محتاجِ تعارف نہیں ہیں۔ وسائل کی کمی کے باوجود اکیڈیمی کی مساعی کے تذکرے نہ صرف ہندوستان بلکہ ہندوستان سے باہر بھی ہو رہے ہیں۔

اقبال اکیڈیمی کی جانب سے یہ پیش کش بہادر یار جنگ کی خدمت میں ایک خراج

عقیدت ہے ایک ایسی عقیدت جس کی جڑیں صرف ماضی میں پیوست نہیں ہیں بلکہ اس شاندار روایت کا ایک ایسا سلسلہ ہیں جو مستقبل میں بھی انشاء اللہ العزیز جاری رہے گا۔

ناسپاس گذاری ہو گی اگر میں جناب نذیر الدین احمد کا شکریہ ادانہ کروں جنھوں نے تین ضخیم جلدوں میں حیات بہادر یار جنگ کے علاوہ ان پر اور کئی کتابیں مرتب کی ہیں۔ بہادر یار جنگ پر کسی بھی تحقیقاتی کام کرنے والوں کے لئے یہ کتابیں اساسی اہمیت کی حامل ہیں۔ اس ریویو کے مضامین کے انتخاب میں موصوف کی مرتبہ کتابوں سے استفادہ کیا گیا ہے۔ اس کے علاوہ بہادر یار جنگ اکاڈمی کراچی اور حیدرآباد کی مطبوعات وغیرہ سے بھی بعض مضامین اخذ کئے گئے ہیں۔

(محمد ظہیر الدین احمد)

* * * *

# بہادر یار جنگؒ اور اقبال

## نظر حیدر آبادی

بہادر خاں نے بہت کم عمر پائی تھی، ۱۹۰۵ء میں پیدا ہوئے ۱۹۴۴ء میں اس فانی زندگی کے علائق سے چھوٹ کر ایک غیر فانی زندگی سے ہم کنار ہو گئے یعنی اس چمن کے مقدر میں پوری چالیس بہاریں بھی نہیں لکھی تھیں، لیکن اس مختصر سی زندگی میں کیسے کیسے کارہائے نمایاں ان کے ہاتھوں انجام پاگئے اسی تھوڑی سی مدت میں انہوں نے امارت کے آغوش میں پل کر اس کی کثافتوں سے نجات بھی حاصل کر لی۔ عالمِ اسلام کی سیاحت بھی کی اور حجِ بیت اللہ اور روضۂ نبویؐ کی زیارت سے بھی مفتخر ہوئے۔ اور اس سیاحت کا حاصل ہندوستان آکر اس طرح پیش کیا کہ خواجہ حسن نظامیؔ کو لکھنا پڑا۔

"موجودہ زمانے میں بہت سے مسلمانوں نے اسلامی ممالک کی سیر کی اور سفر نامے لکھے، جن میں سے ایک میں بھی ہوں اور مرحوم مولانا شبلیؔ بھی ہیں اور محبوب عالم صاحب ایڈیٹر پیسہ اخبار بھی ہیں اور بھوپال کے ایک مسلمان بھی ہیں جنہوں نے اسپین کا بہت اچھا سفر نامہ لکھا ہے اور مرحوم حافظ عبد الرحمن امرتسری بھی ہیں، ان کے علاوہ اور بھی بہت سے ہیں لیکن ان میں ایک بھی ایسا نہیں ہے جس نے ایک ہی وقت میں تمام اسلامی دنیا کے ملکوں اور قوموں کو دیکھا ہو اور معاشرتی

مقاصد سامنے رکھ کر دیکھا۔ اس لحاظ سے نواب بہادر یار جنگ سب سیاحوں سے

اعلیٰ ہیں۔"

اس سیاحت کے بعد تن آسانی سے اتنی سرگرانی بڑھی کہ جنگل جنگل کی خاک چھانی اور پانچ ہزار نفوس کو مشرف بہ اسلام کیا، سیاست کی دنیا میں قدم رکھا تو اپنی اصابتِ رائے، جوشِ خطابت اور خلوصِ کار کی وجہ سے اسلامیانِ ہند کی تمناؤں کے ترجمان اور امیدوں کے مرکز بن گئے چنانچہ عبد الماجد دریابادی کو اعتراف کرنا پڑا کہ

"ہندوستان نے اگر دوسرا محمد علی پیدا کیا ہوتا تو وہ یہی تھا، وہی اخلاص، وہی دینی جوش، وہی تڑپ، وہی سوجھ بوجھ، وہی نبض شناسی، وہی ہمت و عزم، بجز محمد علی کی انگریزی انشا پردازی کے سب کچھ وہی۔"

شعر و ادب سے خلقی ربط رکھتے تھے اور بڑے خلیق انسان تھے۔ اسی لئے خلقؔ تخلص اختیار کیا اور اپنی شعر فہمی اور سخن سنجی کا لوہا اس طرح منوایا کہ ان کے انتقال کے کئی برس بعد "ستائش کی تمنا" اور "صلے کی پروا" کیئے بغیر رئیس التغزلین حضرت جگرؔ مرادآبادی نے اپنے نئے مجموعہ کلام "آتش گل" کو ان الفاظ کے ساتھ ان کے نام سے معنون کیا۔

"میں اپنے اس مجموعہ کلام کو قائد ملت مولوی بہادر خان مرحوم سابق نواب بہادر یار جنگ کے نام نامی سے منسوب کرنا اپنا اخلاقی و ادبی فرض تصور کرتا ہوں، جو سراپا گداز، مجسم اخلاص فقید المثال مقرر، کامیاب مصلح، اپنے وقت کے عظیم المرتبت خطیب اور ایک جری انسان تھے۔ جن کے گفتار و کردار میں کوئی تضاد نہ تھا۔

وہ بیک وقت تمام محاسنِ شعری کا احاطہ کر لیتے تھے اور اچھے شعر سے اتنی شدت کے ساتھ متاثر ہوتے تھے کہ میں نے اپنی پوری زندگی میں ایسا کوئی دوسرا خوش مذاق نہیں دیکھا۔ خدائے رحمان و رحیم ان کی روح کو اپنا قربِ خاص عطا فرمائے۔"

اسی شعر فہمی اور سخن سنجی نے ان کو پہلے پہلے فکر اقبال کا مرتبہ دان بنایا اور آخر آخر میں عارفؔ ہندی ان کے مرشد معنوی بن گئے۔

اقبال سے بہادر یا جنگ کی ملاقاتوں اور روابط کی تفصیلات تو انہیں کے ساتھ دفن ہو گئیں اور مراسلات بھی انقلابِ حیدر آباد کے وحشت ناک دور میں ضائع ہو گئے صرف ایک خط حاصل ہو سکا جو اقبال نے کشمیری مسلمانوں کی امداد کے سلسلہ میں ان کو ۱۹۳۱ء میں لکھا تھا، یہ خط اسی کتاب کے حصہ مکتوبات میں شامل ہے۔ اس ایک خط کے مطالعہ سے بھی دونوں کے روابط کی نوعیت واضح ہو جاتی ہے۔

گمان غالب یہ ہے کہ اقبال سے ان کی پہلی ملاقات ۱۹۲۹ء میں ہوئی ہو گی۔ کیونکہ یہ زمانہ بہادر خان کے سنِ شعور کا تھا اور وہ مہاراجہ کشن پرشاد کی محفلوں میں باقاعدہ اور بالالتزام شرکت کرنے لگے تھے، اقبال ۱۹۲۹ء میں دوسری بار حیدر آباد گئے تھے اور ان کے اعزاز میں مہاراجہ نے بڑی شاندار دعوتیں کی تھیں اور ایک تاریخی مشاعرہ بھی منعقد کیا تھا، انہیں دعوتوں میں بہادر خاں اقبالؔ سے متعارف ہوئے ہوں گے۔ ایک اقدارِ اسلامی کے احیاء کا داعی تھا اور ایک خدمتِ اسلام کے جذبات سے سرشار، یہی وجہ تھی کہ دونوں کے مراسم میں استحکام پیدا ہوتا گیا اور آپس میں خط و کتابت کا سلسلہ بھی جاری ہو گیا، مشوروں اور مذاکروں کی صورت بھی پیدا ہوئی اور اس طرح ایک نکتہ رس کو ایک دانائے راز کی قربت کا شرف بھی حاصل ہو گیا اور اسی قربت نے بہادر خاں کو شانِ امارت سے بے نیاز اور سراپا ایثار مجسم عمل بنا دیا۔ اقبال سے ان کی ملاقاتوں کے سلسلہ میں ایک اشارہ سا ان کی اس تقریر میں ملتا ہے جو انہوں نے اقبال کے جلسۂ تعزیت میں کی تھی۔ فرماتے ہیں

"میرے نالے فضائے حیدر آباد سے کچھ اس طرح نا آشنا ہو چکے تھے کہ مجھے یاد بھی

نہ تھا کہ آج تقریر کرنی ہے، آج سے ڈیڑھ سال قبل علامہ اقبال کی زندگی میں اقبال کے تصور مومن کو پیش کر کے خود ان سے داد حاصل کی تھی۔ اور آج ان کے انتقال کے بعد مختصراً اپنا تحفۂ عقیدت ان کی سرمدی اور ابدی دعاؤں کی امید پر پیش کر رہا ہوں۔"

خط و کتابت کے تعلق سے ایک بات قابل غور ہے اور وہ یہ کہ دونوں میں مراسلت کا سلسلہ ۱۹۳۱ء کے بعد شروع ہوا، کیونکہ اقبال کا جو خط ہمیں حاصل ہو سکا ہے، وہ ڈاکٹر خلیفہ عبدالحکیم کے ذریعہ بھیجا گیا اور اس کی وجہ اقبال نے یہ لکھی ہے کہ نواب صاحب کا پتہ انہیں معلوم نہیں۔ ظاہر ہے کہ اگر اس سے پہلے دونوں میں خط و کتابت ہوتی تو ان کا پتہ بھی اقبالؔ کے پاس ضرور ہوتا۔ یہی بات اس لئے قریبِ قیاس معلوم ہوتی ہے کہ بہادر خاں کی عملی جدوجہد کا آغاز بھی اسی زمانے میں ہوتا ہے اور اسی زمانے میں ان کے کردار اور گفتار کے چرچے حیدرآباد کی سرحدوں سے باہر پہنچنے لگے تھے، ۱۹۲۹ء میں وہ ایک خوش پوش اور سخن سنج حیدرآبادی نواب کی حیثیت سے اقبال سے ملے ہوں گے لیکن ۳۱ء کے بعد جیسے جیسے ان کی قومی خدمات کی شہرت اقبال تک پہنچنے لگی ہوگی ویسے ویسے قدرتاً یہ رسمی تعارف مستحکم دوستی میں مبدل ہو گیا ہوگا۔ کلامِ اقبال سے ان کو ایسا شغف تھا کہ اس کی تشریح و توضیح کے لئے انہوں نے اپنے گھر میں حلقۂ درسِ اقبال بھی قائم کیا تھا، اور عجیب اتفاق ہے کہ اسی حلقے کے درس سے اٹھ کر وہ اپنے ایک عزیز دوست ہاشم یار جنگ کے ڈنر میں گئے اور کھانے سے پہلے ڈاکٹر رضی الدین صدیقی اور سکندر علی وجدؔ سے اقبال کے اس شعر

ہر اک مقام سے آگے مقام ہے تیرا
حیات ذوقِ سفر کے سوا کچھ اور نہیں

کے بارے میں اپنے تاثرات کا اظہار کر رہے تھے کہ حقہ کے پہلے ہی کش کے

ساتھ ایک ہچکی آئی اور ان کی روح قفسِ عنصری سے پرواز کر گئی۔

گویا شاہینِ بلند پرواز کا "ذوقِ سفر" اسے "ہر اک مقام سے آگے" لے کر چلا گیا۔!

مثلِ ایوانِ سحر مرقد فروزاں ہو ترا

ماخوذ از "اقبال اور حیدرآباد، مرتبہ نظر حیدرآبادی۔ ناشر: اقبال اکاڈمی کراچی۔ اپریل ۱۹۶۱ء

* * * * *

# درسِ اقبال

## نذیر الدین احمد

اقبالؔ کے کام، کلام اور مقام تک رسائی کے لئے ایک تڑپتے ہوئے قلب اور نظرِ کلیمی کی ضرورت ہے۔ اقبالؔ کے کلام و پیام سے جو والہانہ نسبت و تعلق نواب صاحب کو رہا۔ اس نسبت کا تقاضہ تو یہ تھا کہ یہ فیضِ خاص، فیضِ عام ہو جائے اسی احساس کے تحت درسِ اقبال کا آغاز ہوا۔ مولوی عبدالرحمن سعید (سعید صدیقی) کنوینر تھے۔ نواب صاحب کی دیوڑھی بیت الامت میں ہر جمعہ (عصر تا مغرب) درسِ اقبال کا اہتمام ہوتا تھا۔

ڈاکٹر رضی الدین، ڈاکٹر یوسف حسین خان اور پروفیسر غلام دستگیر رشید درس دیا کرتے تھے اور یہ سلسلہ ان کی وفات کے دن تک جاری رہا۔

درس اقبالؔ کا مقصد یہ تھا کہ شرکاء محفل درسِ اقبال "گفتار کے اس غازی کے خواب کی تعبیر بنیں اور کردار کے غازی بن کر اس کی روح کو جنت الفردوس میں حقیقی سامانِ اطمینان مہیا کریں۔"

(حوالہ: خط نمبر ۳۹۶ص ۴۱۰ قائد ملت۔ مکاتیب بہادر یا جنگ)

اس درس اقبال کی محفل کے تعلق سے اپنے ایک مکتوب میں فرماتے ہیں:

"مبارک ہیں وہ لوگ جو اقبال کے کلام کو پھیلانے کی کوشش کر رہے ہیں۔ میرے

یہاں ہر ہفتے (جمعہ کو) بالالتزام ایک اجتماع ہوتا ہے اور اس میں اقبال کا کلام سبقاً سبقاً پڑھایا جاتا ہے اس میں ڈاکٹر رضی الدین، ڈاکٹر یوسف حسین جیسے علماء اقبال کو سمجھنے اور سمجھانے کی کوشش کرتے ہیں۔

اقبال نے خود اپنے الفاظ میں حجازی لئے کو اپنے ہندی نغمہ میں ایسا دلکش بنایا کہ کتاب اللہ جس کو اسکے ماننے والوں نے پس پشت ڈال دیا تھا آج پھر آنکھوں کا نور بن رہی ہے۔" (حوالہ: خط نمبر ۳۹۶ ص۔ ۴۱۰ مکاتیب بہادر یار جنگ)

اس حلقہ حکمت و ادب کے بارے میں "بانگ اذان" کی صدائے حق نواز بھی سن لیجئے۔

حق مغفرت کرے بہادر خان مرحوم محبوب قائد ملت عجب آزاد مرد تھے۔ بہادر خاں کا نصب العین اور مشن اسلاف اسلام اور دین کے زرین عہد کی دعوت الی اللہ کی آواز باز گشت تھی ان کا سب سے بڑا کارنامہ یہ ہے کہ وہ ہمارے دلوں میں اسلام کی عظمت و جلالت کا گم کردہ یقین تازہ کرتے تھے۔ ان کا سب سے بڑا احسان یہی تھا کہ اسلامی افکار کی ایسی تبلیغ اور خطیبانہ تعبیر کرتے تھے جس سے ہم اسلام کو انسانی خدمت اور اور ترقی کا ایک گراں قدر ذریعہ بنادیں۔

اس لیے باقاعدہ ہفتہ وار مطالعہ و بحث و نظر کا اہتمام کر رکھا تھا۔ اس باب میں وہ حیدرآباد کا بہترین حلقہ حکمت و ادب تھا، حقائق اقبال کے کئی مقامات کی عملی شرح دراصل خود ان کی اپنی مجاہدانہ زندگی تھی، کلام اقبال کی کتنی ہی بلندیاں ان کی زندگی کو قریب سے دیکھ کر سمجھ میں آجاتی تھیں۔ بقولِ اقبال وہ ایسے امیر تھے جس کی دلنوازی ان کی حکمت کا سرمایہ تھی اور جن کی نے نوازی ان کی اخلاقی طاقت تھی۔"

(حوالہ: بانگ اذاں از پروفیسر غلام دستگیر رشید، بہادر یار جنگ مشاہیر دکن کی نظر

میں مرتبہ نذیر الدین احمد، ناشر بہادر یار جنگ اکیڈیمی حیدرآباد)

اس درس میں اہلِ علم اور جامعہ عثمانیہ کے طلبہ کے علاوہ عوام کے مختلف طبقوں سے تعلق رکھنے والے اہل ذوق بڑے ذوق و شوق سے شرکت کرتے اقبال کا کلام سبقاً سبقاً پڑھایا جاتا، اور جب "نواب صاحب حیدرآباد میں ہوتے تو لازماً درس میں شریک ہوتے ان کی موجودگی میں سب گونگے ہو جاتے اور ہر شعر کی تشریح آپ اپنے خاص انداز میں فرماتے۔"

(حوالہ: لسان الامت ص ۱۰، از مولوی عبد الرحمن سعید)

تفسیر اور حدیث میں ان کی معلومات جس پایہ کی تھیں، اس سے وہ لوگ بخوبی واقف ہیں جو درسِ اقبال میں شرکت کرتے تھے۔ سچ پوچھئے تو جس درس میں وہ شرکت کرتے تھے اس کا رنگ ہی کچھ اور ہوتا تھا۔ حاضرین ایک کیف و سرور سے سرشار ہو کر نکلتے تھے۔ اقبال کا ایسا مطالعہ شاید ہی کسی اور نے کیا ہو گا۔۔۔۔۔۔۔۔۔۔۔۔۔ مرحوم خود اقبال کی تعلیم اور ان کی تمناؤں کا مجسم نمونہ تھے اور درس اقبال کے وقت جب وہ نظروں کے سامنے ہوتے تو پھر اقبال کے بہت سے اشعار از خود واضح ہو جاتے تھے اور ان اشعار میں ایک نیا لطف محسوس ہونے لگتا۔"

(حوالہ : مولوی بہادر خاں مرحوم ایک عالمِ کی حیثیت سے، ڈاکٹر رضی الدین صدیقی، بہادر یار جنگ مشاہیر وطن کی نظر میں۔ مرتبہ نذیر الدین احمد۔ ناشر بہادر یار جنگ اکیڈیمی حیدرآباد)

(ماخوز از سوانح بہادر یار جنگ جلد دوم)

***

# علّامہ اقبال اور قائدِ ملت نواب بہادر یار جنگ

## نذیر الدین احمد

ہم مولانا روم کے کلام میں سورج کی روشنی میں چراغ جلا کر ایک بزرگ کو تلاش کی منزل میں سر گرداں دیکھتے ہیں۔ جب ان بزرگ سے سوال کیا جاتا ہے کہ اجالے میں چراغ لئے آپ کس کو تلاش کر رہے ہیں تو فرمایا کہ ایک مردِ کامل کی تلاش ہے، مولانا روم کو جس مرد کامل کی تلاش تھی وہ دانائے راز اقبال کی صورت میں، ان کے افکار کا علمبردار، ان کا مطلوبہ مرید، ان کو مل گیا۔

اقبال کا پیام دراصل قرآن کا مطلوب انسان تھا۔ ایک ایسا مردِ مجاہد جس کی زندگی کا نصب العین، ملت کا نشاۃ ثانیہ اور احیاء دین ہو اور جس کا قلب، خلافت الٰہیہ کے تصور سے مزین ہو، بارگاہِ رب العزت میں اقبال نے دل کی گہرائیوں سے دعا مانگی تھی۔

تا خلافت کی بنا دنیا میں ہو پھر استوار
لا کہیں سے ڈھونڈ کر اسلاف کا قلب و جگر،

اس طرح خلافتِ الٰہیہ کے تصور پر مبنی، خلافت کے قلب و جگر کی اقبال کو تلاش تھی۔ حقیقت تو یہ ہے کہ "انیسویں صدی کے وسط سے بیسویں صدی کے دَور اول تک مسلمانوں میں صرف چار شخصیتیں پیدا ہوئیں۔ جنہوں نے مسلمانوں کو ماضی کے آئینہ میں دیکھا اور حال کی الجھنوں میں پھنسا پایا۔ اور خوش آیند مستقبل سے دور دیکھا۔ پھر

ماضی کی عظمت کی حقیقتوں کا جائزہ لیا، حال کو مطابق حال بنانے کی کوشش کی اور مستقبل کے لئے راستے ہموار کئے، ان میں جمال الدین افغانی، علامہ اقبال، قائد اعظم محمد علی جناح اور محمد بہادر خاں (بہادر یار جنگ) شامل ہیں۔"

(حوالہ: اقبال اور قرآن از علامہ سلیمان ندوی)

"اقبال اور بہادر یار جنگ کا اصل رابطہ اطاعت خدا اور عشق رسول کی رسی سے بندھا ہوا ہے۔ اقبال نے فنا فی اللہ ہو کر مقام خودی پر فائز ہونے کی جو آرزو کی تھی اس کا حاصل بہادر یار جنگ کی زندگی میں نظر آتا ہے۔

دونوں کا فکری ارتکاز توحید اور رسالتِ محمدیؐ کے علاوہ کچھ اور نہ تھا۔"(حوالہ: مرد مؤمن از مولوی میاں محمد سعید ص ۱۲۸)

کوئی صاحب نظر، نظر حیدرآبادی کے اس حقیقت افروز اظہار خیال سے اختلاف نہیں کر سکتا کہ:

بہادر یار جنگ کی شخصیت کا خمیر ہی اقبال کی فکر سے اٹھا تھا، قائد ملت کی فکر و نظر کے سرچشمۂ شیریں کے بارے میں قائد ملت کے رفیق پروفیسر غلام دستگیر رشید نے سچ فرمایا کہ:

ان کی فکر و نظر کا ایک سرچشمۂ شیریں کلام اقبال تھا۔ اقبال کے کلام میں انہیں قلب و نظر کا ایک آئینہ مل گیا تھا۔"

(حوالہ: پروفیسر غلام دستگیر رشید مشمولہ بہادر یار جنگ مشاہیر وطن کی نظر میں، مرتبہ نذیر الدین احمد ص ۲۹)

اقبال مغرب دیدہ اور اسلام فہمیدہ سے محمد بہادر خاں کا کتابی تعلق و تعارف سولہ سترہ سال کی عمر سے رہا۔

"آج سے ۲۵! سال قبل ہماری شعر گوئی اور مطالعہ دواوین کا سب سے اچھا وقت صبح کے ابتدائی لمحات ہوا کرتے تھے۔ لیکن جیسے جیسے ادب نے ایک معیاری کیفیت پیدا کی تو خود بخود یہ احساس ہونے لگا کہ شاعر پیدا ہوتا ہے، بنتا نہیں۔ اور ہماری میز سے ہٹ کر دواوین الماریوں کی زینت بنتے گئے۔ اور بانگ درا کے سوا میز پر کچھ باقی نہیں رہا۔ آخری دور میں اگر کسی کے کلام نے اقبال کا ساتھ دیا تو مولانا روم کی مثنوی تھی۔

(حوالہ: میں مطالعہ کس طرح کرتا تھا، مشمولہ نگارشات بہادر یار جنگ ص ۵۹۔ مرتبہ نذیر الدین احمد)

۱۹۳۱ء تک مسلمانوں کے قائد اور خطیب سحر البیان کی حیثیت سے سارے ہندوستان میں ان کی شہرت کا ڈنکا بج چکا تھا، اس وقت ان کی عمر صرف ۲۶ برس تھی۔ اور اس وقت تک ان کی نظر اقبال کی فکر کے عمیق گوشوں تک رسائی پا چکی تھی۔ وہ اقبال کی فکر، کام، کلام اور مقام سے اس درجہ واقف اور متاثر تھے کہ اس تاثر نے ان کو اقبال کا گرویدہ بنا دیا جس کا نتیجہ یہ ہوا کہ اقبال کے الہامی کلام نے انہیں، اقبال کی نوائے عاشقانہ کا حاصل بنا دیا۔ اقبال کے دردِ دل کو جس مرد حق نے سمجھا اور اوروں کو سمجھایا وہ محمد بہادر خاں کی ذات تھی۔ ابتداء میں خود اقبال کو اس امر کی شکایت تھی کہ اقبال کو شاعر سمجھنے والوں کی تو کمی نہیں ہے لیکن ان کے پیام کو سمجھنے والے کم ہیں۔

"لوگوں نے شمع کا نور دیکھا، لیکن اس کے سوز دل کا اندازہ نہیں کیا۔ جگنو کی چمک دیکھی لیکن اس عاشق وارفتہ کی جگر سوزی اور اضطرار کا راز جان نہ سکے۔ اقبال کو شکایت تھی کہ لوگوں نے انہیں شاعر اور مغنی سمجھ لیا ہے لیکن اس پیام پر ان کی نظر نہیں گئی جو ان کی نوائے عاشقانہ کا حاصل تھی۔

(حوالہ: کیا پوچھتے ہو کسے کھو دیا۔ از محترم المقام مولوی سید خلیل اللہ حسینی قائد

مجلس تعمیر ملت ص ۲۲)

قائد ملت کی اقبال فہمی کا تفصیلی تذکرہ کرنے سے قبل اقبال سے ان کی ملاقاتوں کا ذکر موجب دلچسپی ہو گا۔

علامہ اقبال سے نواب بہادر یار جنگ کی پہلی ملاقات

مولانا خواجہ حسن نظامی کو قائد ملت کی علامہ اقبال سے عقیدت و محبت اور ان کی والہانہ وابستگی کا علم تھا۔ مارچ ۱۹۳۳ء میں علامہ اقبال نے دہلی کا دورہ فرمایا، دہلی میں وہ ڈاکٹر انصاری کے مکان میں مقیم رہے، نواب بہادر یار جنگ ان دنوں دہلی میں تھے۔ ۱۳! مارچ ۱۹۳۳ء کے دن مولانا خواجہ حسن نظامی کے ہمراہ نواب صاحب نے پہلی بار علامہ اقبال سے ملاقات فرمائی۔

مولانا خواجہ حسن نظامی نے علامہ کی مصروفیت کا ہفتہ وار روزنامچہ دہلی مورخہ ۱۶! مارچ ۱۹۳۳ء میں ذکر کرتے ہوئے لکھا ہے کہ:

"۱۳! مارچ ۳۳ء کو بارہ بجے نواب بہادر جنگ کے ساتھ ڈاکٹر سر محمد اقبال سے ملنے گیا جو ڈاکٹر انصاری کے مکان پر مقیم تھے، نواب بہادر یار جنگ انکے مداح اور معتقد ہیں۔ میں نے نواب صاحب کا ڈاکٹر سر محمد اقبال سے ان الفاظ میں تعارف کروایا۔

"اگر آپ بادشاہ ہیں تو یہ آپ کے سپہ سالار ہیں اور اگر آپ شمع ہیں تو یہ آپ کے پروانے ہیں اور اگر آپ دانا ہیں تو یہ آپ کے دیوانے ہیں۔"

(حوالہ: اوراق گم گشتہ از رحیم بخش شاہین ص ۲۶)

علامہ اقبال سے قائد ملت کی دو ایک اور ملاقاتوں کا مزید حال بھی علم میں آتا ہے مگر کتنی مرتبہ نواب صاحب کو علامہ اقبال سے نیاز مندی کا موقعہ ملا۔ اس بارے میں عدم معلومات کے باعث کچھ نہیں بتایا جا سکتا۔

علامہ اقبال کی نواب صاحب سے خط و کتابت کے بارے میں بھی کچھ تفصیلات کا علم ہوتا ہے۔ ساتھ ہی ۱۹۳۷ء میں علامہ اقبال کی موجودگی میں اقبال کا تصور شاہین پر۔۔۔۔۔ تقریر کرنے اور داد پانے کا مژدہ بھی سننے کو ملتا ہے۔ اس تقریر کا ذکر نواب صاحب نے یوم اقبال کے جلسے میں تقریر کے دَوران فرمایا تھا:

"آج سے ڈیڑھ سال قبل علامہ اقبال کی زندگی میں اقبال کے تصور مومن کو پیش کر کے خود ان سے داد حاصل کی تھی اور آج ان کے انتقال کے بعد اپنا تحفۂ عقیدت ان کی سرمدی اور ابدی دعاؤں کی امید پر پیش کر رہا ہوں۔"

۱۹۳۳ء میں علامہ اقبال نے پہلی بار قائد ملت کو بذریعۂ خط مخاطب فرمایا تھا۔ اس وقت تک علامہ اقبال نواب صاحب سے غائبانہ تعارف رکھتے تھے۔ یہ خط کشمیر کے مظلوم مسلمانوں کی اعانت سے متعلق ہے۔

لاہور ۱۴ ستمبر ۳۳ء

مخدومی جناب نواب صاحب!

السلام علیکم

مظلومین کشمیر کی امداد کے لئے آپ سے درخواست کیلئے یہ عریضہ لکھتا ہوں۔ اس وقت حکومت کی طرف سے ان پر متعدد مقدمات چل رہے ہیں۔ جن کے اخراجات وغیرہ کے لئے فنڈ کی ضرورت ہے۔ مجھے یقین ہے کہ آپ کی تھوڑی سی توجہ سے یہ مشکل حل ہو جائے گی۔ اس سے پہلے ایک خط مجھے ایک بزرگ محمد اعظم عثمان آباد کی طرف سے آیا تھا۔ انہوں نے خود بھی چندہ کر کے بھیجنے کا وعدہ فرمایا تھا اور مجھے یہ بھی لکھا تھا کہ آپ کی توجہ اس طرف منعطف کروں۔ مجھے یقین ہے کہ آپ مسلمانانِ کشمیر کو امداد کا مستحق تصور کرتے ہیں۔

طبّاع اور ذہین قوم ایک مدت سے استبداد و ظلم کا شکار ہے۔ اس وقت مسلمانانِ ہند کا فرض ہے کہ ان کے موجودہ مشکلات میں ان کی مدد کی جائے۔ زیادہ کیا عرض کروں۔ امید کہ آپ کا مزاج بخیر ہوگا۔ یہ خط خلیفہ عبدالحکیم پروفیسر عثمانیہ یونیورسٹی کے معرفت آپ تک پہنچاتا ہوں۔ مجھے آپ کا اڈریس معلوم نہ تھا اور اس بات کا اندیشہ تھا کہ میرا خط کسی اور طرف چلا جائے۔

مخلص

اقبالؔ

نواب صاحب کے ایک (اور) خط سے علامہ اقبال سے نواب صاحب کی خط و کتابت کے سلسلہ کا پتہ چلتا ہے۔ یہ مذکور خط نواب صاحب نے شیخ عطاء اللہ صاحب پروفیسر شعبۂ معاشیات کے نام لکھا تھا۔

"اس سے قبل بھی تحریر کر چکا ہوں کہ مکاتیب اقبال (موسومہ قائد ملت) کا آپ سے زیادہ میں متلاشی ہوں اپنے کاغذات کا ایک ایک پرچہ تلاش کیا لیکن افسوس ہے کہ وہ طبلق ہاتھ نہ آیا۔"

(حوالہ: خط نمبر ۴۸۲ مکاتیب بہادر یار جنگ جلد اول)

قائد ملت علامہ اقبال سے اپنی دوسری ملاقات کے سلسلے میں یہ دلچسپ واقعہ بیان فرماتے تھے کہ "ایک بار لاہور گئے اور اس کی انہیں بڑی تمنا تھی کہ وہ اقبال کو شعر کہتے ہوئے حال میں دیکھیں۔ خوش قسمتی سے وہ بہت سویرے آہ سحر خیزی کے وقت جاوید منزل پہنچ گئے، حسبِ عادت اقبال تلاوت سحر کے بعد شعر کہنے میں محو تھے، علی بخش مرحوم کی مدد سے نواب صاحب بڑی خاموشی سے ان کے پیچھے جا کر بیٹھ گئے۔ اقبال اپنی شعر گوئی اور گنگنانے میں محو تھے۔ یہ مشغلہ ختم ہوا تو باہمی گفتگو ہوئی۔ یہ واقعہ ایک نمونہ

اور علامت ہے کہ وہ اقبال اور کلام اقبال سے کس طرح دل بستگی رکھتے تھے۔"

(حوالہ: اقبال اور قائد ملت بہادر خان مرحوم، از پروفیسر غلام دستگیر رشید (رفیق قائد ملت) مشمولہ بہادر یا جنگ مشاہیر وطن کی نظر میں ص ۲۹! ناشر بہادر یار جنگ اکیڈمی حیدرآباد دکن)

نواب صاحب کی علامہ اقبالؔ سے تیسری ملاقات کے بارے میں مولوی عبدالرحمن سعید رفیق قائد ملت تحریر فرماتے ہیں کہ "اس دوسری ملاقات کے تیسرے روز نواب صاحب نے بہ تعیین وقت حضرت اقبال سے ملاقات کی اور ملتِ اسلامیہ کی تنظیم اور اس کے مستقبل کے بارے میں ان سے تبادلۂ خیال کیا۔

بوقتِ رخصت مصافحہ کرتے ہوئے اقبال نے فرمایا کہ یہ مصافحہ اس امر کا عہد ہے کہ نواب صاحب اپنی خداداد صلاحیتوں کو خدمت ملت کے لئے وقف کریں گے۔"

(حوالہ: صدق جدید لکھنؤ ۱۱ اگست ۷۳ء)

علامہ اقبال سے قائد ملت کی ملاقاتوں میں یہ واقعہ کہ "جب بہادر یار جنگ رخصت کے لئے کھڑے ہوئے اور علامہ سے مصافحہ کے لئے انہوں نے ہاتھ بڑھایا تو اقبال نے ان کے ہاتھ کو مضبوطی سے تھام لیا اور فرمایا۔

"وعدہ کرو کہ ملت کی خدمت کے لئے اپنے آپ کو وقف کر دو گے۔"

آپ اسے مصافحہ رخصتی کہئے یا عہد خدمت، میں تو اس کو بیعت کہتا ہوں۔ بیعت جو ایک پیر مرد نے ایک جوان رعنا سے لی، گویا شیخ وقت نے سالک طریقت کو رسم و راہ منزل سے باخبر کر دیا۔ دنیا جانتی ہے کہ اس بہادر جوان نے اپنی عمر کے شب و روز کس طرح گزارے۔

(حوالہ: علامہ اقبال اور بہادر یار جنگ، از مولوی محمد احمد خان صاحب)

سچ تو یہ ہے کہ متذکرہ بالا واقعہ علامہ اقبال کی نظرِ کلیمی کا مظہر ہے کہ قائد ملت کو علامہ اقبال نے رسم وراہِ شاہبازی کی منزل سے باخبر کر کے انہیں اپنے منصب کا جانشین بنادیا۔

بہادر یار جنگ کی زندگی، اقبال کے نظریات پر ملتِ اسلامیہ کی سیاست کی بنیاد رکھی، وہ اپنی جادو بیان تقریروں میں اقبال کے آتشیں افکار کی گرمی سے قوم میں حوصلہ اور جذبہ پیدا کرتے اور غلاموں کے لہو کو سوز یقین سے بدل دیتے تب ہی تو کنجشک فرو مایہ شاہین کے مقابل ہوتے۔

"اقبال کو انہوں نے نہ صرف پڑھا اور سمجھا تھا بلکہ اس کے کلام و پیام کی روح کو اپنے اندر جذب کر لیا تھا۔ یہی وجہ تھی کہ اقبال کا قال ان کا حال بن گیا۔ مرحوم خود اقبال کی تعلیم اور ان کی تمناؤں کا مجسم نمونہ تھے اور درس اقبال کے وقت جب وہ نظروں کے سامنے ہوتے تو پھر اقبال کے بہت سے اشعار از خو واضح ہو جاتے تھے اور ان اشعار میں ایک نیا لطف محسوس ہونے لگتا تھا۔" (ڈاکٹر رضی الدین صدیقی، رفیق قائد ملت)

اس خصوص میں علامہ اقبال کے تعلق سے نواب صاحب کے احساسات کو ان کی تقریر و تحریر کے آئینے میں دیکھئے تو اندازہ ہو گا کہ اقبال کی فکر کا کوئی گوشہ ان کی نظروں سے اوجھل نہیں ہے۔

"اقبال نے خود اپنے الفاظ میں حجازی لے کو اپنے ہندی نغمہ میں ایسا دلکش بنایا کہ کتاب اللہ جس کو اس کے ماننے والوں نے پس پشت ڈال دیا تھا آج پھر ہماری آنکھوں کا نور بن رہی ہے، میری دلی تمنا ہے کہ آپ کے یہ اجتماع کامیاب ہوں اور ان کے شرکاء گفتار کے اس غازی کے خواب کی تعبیر بنیں۔ اور کردار کے غازی بن کر اس کی روح کو جنت الفردوس میں حقیقی سامانِ اطمینان مہیا کریں۔" (حوالہ: پیام قائد ملت بضمن یوم

اقبال ص ۴۰۹، ۴۱۰ مکتوب نمبر ۳۹۶ مکاتیب بہادر یار جنگ، ناشر بہادر یار جنگ اکیڈمی کراچی)

"یہ سن کر اقبال سے میری عقیدت بڑھ گئی کہ ان کے مطالعہ نے آپ کی بے یقینی کو یقین کے راستے پر ڈال دیا۔ ایمان صحیح کی منزل جس سے آپ اپنے آپ کو محروم سمجھتے ہیں اب زیادہ دور نہیں ہے، میں آنکھوں کے بہاؤ کو قلب کا غسل کہا کرتا ہوں۔ خدا آپ کی اس رقت کو اور بڑھائے۔ اس سے سخت دل میں وہ نرمی پیدا ہوگی جو نقوش ایمانی کو قبول کرنے کی صلاحیت رکھتی ہے۔ اب جب کہ اقبال اور رومی کا آپ مطالعہ کر چکے ہیں، قرآن سے قریب ہونے کی کوشش کیجئے۔" (حوالہ: مکاتب بہادر یار جنگ ص ۵۴۶ مکتوب نمبر ۵۴۰ بنام جناب عبدالحمید نظامی، ایم۔ اے نوائے وقت لاہور، ناشر بہادر یار جنگ اکیڈمی کراچی)

"اقبال نوائے عصر تھا۔ مبارک ہیں جنہوں نے اس کی صدا پر لبیک کہا۔ اقبال کے سارے پیام کا خلاصہ عمل ہے۔ اگر چند نوجوان بھی آمادہ عمل ہو گئے تو اقبال کی روح کو حقیقی مسرت ہوگی اور ان کے دنیا میں آنے کا مقصد پورا ہو جائے گا۔" (حوالہ: مکتوب نمبر ۵۶۷ ص ۵۶۹، ۵۷۰ مکاتیب بہادر یار جنگ، ناشر بہادر یار جنگ اکیڈمی کراچی)

درس اقبال میں

طبعِ مسلم از محبت قاہر است

مومن ار عاشق نباشد کافر است

اقبال کا یہ شعر مولوی غلام دستگیر رشید نے پڑھا۔

ڈاکٹر رضی الدین صدیقی نے قائد سے مخاطب ہو کر فرمایا:

نواب صاحب یہاں تو اقبال نے شاعری کی ہے۔ اتنا سخت فتویٰ میں نہیں سمجھتا کہ

دیا جاسکتا ہے اور اس کا جواز قرآن میں ملتا ہو۔

قائد ملت نے مسکراتے ہوئے فرمایا۔ اقبال کوئی بات قرآن سے ہٹ کر نہیں کہہ سکتے۔ قرآن میں اللہ تعالیٰ کا ارشاد موجود ہے والذین اٰمنوا اشد حب اللہ (جو مومن ہوتے ہیں، ان کو اللہ تعالیٰ سے اشد محبت ہوتی) پھر اس آیت شریف کی تائید میں حدیث شریف پیش کی، جو شرط ایمان کا جزء لاینفک ہے ذات رسالت مآب سے محبت لایومن احدکم حتیٰ اکون احب الیہ من والدہ وولدہ والناس اجمعین (یعنی حضور اکرم صلی اللہ علیہ و سلم نے ارشاد فرمایا میری ذات اس کے نزدیک اس کے والدین اور اولاد اور تمام محبوبین سے زیادہ محبوب تر نہ ہو جائے تب تک وہ مومن نہیں۔)

علامہ اقبال پر نواب صاحب کی کئی یادگار تقریریں ہیں، اقبال کا مرد مومن، اقبال کا شاہین زادہ اور فکر اقبال پر ان کی یادگار تقریروں میں دو تقریریں تو ایسی ہیں جس میں پوری تقریر اقبال کی تشبیہات و استعاروں میں کی گئی ہے۔ حسن یار جنگ کے لئے یوم اقبال کی صدارت کی تحریک کرتے ہوئے نواب صاحب نے فرمایا کہ:

"میں حیران ہوں کہ یہ فرض میرے سپرد کیوں کیا گیا جب کہ مجھے انوری ہونے کا دعویٰ ہے نہ قآنی ہونے کا۔ بہر حال ایک اقبال آفریدہ شاہین زادہ کی بزم اقبال کے اس جلسہ کی تحریک صدارت کیلئے کھڑا ہوں۔

حضرات! آج تہذیب مشرق آپ اپنا خون بہانے میں مصروف ہے۔ شاخِ نازک پر بنے ہوئے آشیانے ایک ایک کر کے توڑے جا رہے ہیں، آج کسی کا آدابِ خود آگاہی سے واقف ہو جانا غلاموں کو شہنشاہی کے رموز سے واقف کر دینا ہے۔ آج کسی کی ہوس رانی غلامی کی زنجیروں کو مضبوط کر رہی ہے، آج جاوید نامہ کا قلزم خونی شکل اختیار کر گیا ہے۔ آج ہندوستان کے پاؤں کی بیڑیاں وسیع تر ہوتی جا رہی ہیں اور روحِ جعفر تنِ دیگر کی

تلاش میں پھر رہی ہے۔ ان حالات میں صرف اس قدر کہہ دینا کافی سمجھتا ہوں کہ ایک صحیح آدمی ہی اس جلسہ کی صدارت کیلئے موزوں ہو سکتا ہے جو نگاہ بلند رکھتا ہے۔ جس کا سخن دلنواز ہے اور روح پر سوز، جو آفاق میں گم نہ ہو گی ہو بلکہ آفاق کو اپنے میں گم کر لیا ہو، جس نے خاکبازی نہ سیکھی ہو بلکہ خودی کا درس سیکھ کر دوسروں کو خود آگاہ بنا دیا ہو اور میں یہ جذبہ نواب حسن یار جنگ بہادر میں پیدا ہوتا ہوا دیکھ رہا ہوں۔ ابھی بانگ درا بند نہیں ہوئی ہے۔ ضرب کلیم کی تاب کس کو ہے اور ضرب کلیم کی تاب لانے کی کون ہمت کر سکتا ہے۔ جاؤ، پیام مشرق اس کے بعد کی منزل ہے شاید مسلمانوں کا یہ ڈی جنریٹڈ وہ طبقہ جس کو بیدار کرنے کے لئے اقبال کھڑا ہوا۔ جس دن وہ بیدار ہو جائے گا۔ اقبال کو پڑھنے کی ضرورت نہ رہے گی۔ اس عہد میں جب کہ بانگ درا کانوں سے اتر کر قلب سے قریب تر ہوتا ہوا دکھائی دیتا ہے۔ میں اس کو ہی مقام شکر سمجھتا ہوں۔ حیدرآباد کے ایک شاہین زادہ کو جس کے اجداد کی شاہینیت حیدرآباد کے ہر باب پر ثبت ہے۔ جو حیدرآباد کی قسمت کو بدلنا چاہتا ہے۔ میں سمجھتا ہوں کہ تحریک صدارت کے لئے اس سے زیادہ کچھ کہنا ٹھیک نہیں کہ اقبال نوجوانوں کیلئے تڑپ کر مرا ہے اور آج ایک نوجوان اقبال کے جلسہ کی صدارت کر رہا ہے۔ اس طبقہ سے جس میں مایوس ہوا جا رہا ہوں۔ یہ امید کی ایک کرن سے کم نہیں۔"

(حوالہ: اقبال اور بزم اقبال حیدرآباد دکن ص ۹۳، ۹۴از عبدالرؤف عروج دارالادب پاکستان کراچی)

اقبال کے اس شاہین زادے نے "اقبال کا شاہین زادہ" کے زیر عنوان اقبال کے اس پیام حیات کی اقبال ہی کی زبان میں کس دلکش انداز میں تصویر کشی کی ہے۔

"میرے نالے فضائے حیدرآباد سے کچھ اس طرح نا آشنا ہو چکے تھے کہ مجھے یاد بھی

نہ تھا کہ آج تقریر کرنی ہے۔ آج سے ڈیڑھ سال قبل علامہ اقبال کی زندگی میں اقبال کے تصور مؤمن کو پیش کر کے خود ان سے داد حاصل کی تھی اور آج ان کے انتقال کے بعد مختصراً اپنا تحفہ عقیدت ان کی سرمدی اور ابدی دعاؤں کی امید پر پیش کر رہا ہوں۔

اقبال کے پیام کا سب سے نمایاں حصہ مسلمان کی خودی کو بیدار کرنا ہے۔ اپنے پورے کلام میں انہوں نے اسی چیز کو بہ انداز مختلف پیش کیا ہے اس کے لئے انہوں نے جو تشبیہیں اختیار کیں ان میں سب سے زیادہ نمایاں شاہین اور شاہین زادہ کی تشبیہ ہے وہ جتانا چاہتے ہیں کہ مسلمان کرگس خاکی نہیں بلکہ شاہین بلند پرواز و فضا پیماء ہے اقبال کے کلام کا رنگ شاہ بازی سکھاتا ہے۔ انہوں نے بتایا کہ مسلمان کا مقام صحبتِ مرغ چمن نہیں بلکہ وسعت ارض و سما ہے۔

اس سلسلہ میں انہوں نے فطرت انسانی کے بہت سے پوشیدہ گوشوں کو نمایاں کیا۔ یہ حقیقت ہے کہ انسان جب محنت و مشقت کے بغیر رزق حاصل کرنے لگتا ہے اور اس کا عادی بن جاتا ہے تو اس کی بہت سی ایسی صلاحیتیں اس سے چھن جاتی ہیں جن پر اس کی با عزت انفرادی و اجتماعی زندگی کا مدار ہے، ان انسانی صلاحیتوں میں سب سے ضروری اور اہم صلاحیت انسان کی شجاعت اور اس کا جذبۂ عزتِ نفس ہے اور مفت خور کا اثر سب سے زیادہ اسی صلاحیت پر پڑتا ہے اور شجاعت و بلند ہمتی جبن اور پستیِ خیال سے۔۔۔ بدل جاتی ہے اسی کو اقبال نے اس شعر میں بڑے اچھے انداز میں بیان کیا ہے وہ کہتے ہیں کہ اگر شاہین بچوں کو بھی پابند قفس کر کے عطائے صیاد کا امیدوار بنادو تو چند روز میں بٹیر کے پر کی پھڑ پھڑاہٹ سے بھی لرزہ بر اندام ہو جائیں گے۔

تنش از سایۂ بال تدروے لرزہ می گیرد
چو شاہین زادۂ اندر قفس با دانہ می سازد

تم غور کرو کہ کیا حیدر آباد کا مسلمان گذشتہ دو سو سال سے اندر قفس بادانہ ساختن کا عادی نہیں ہو گیا ہے اور کیا اسی کا نتیجہ آج شاہین زادہ کی سایۂ بال تدرو سے لرزہ بر اندام نہیں ہے۔

اقبال کے نزدیک آرام و راحت زاغ و زغن کا کام ہے اور قید و صید کی بند شیں قسمت شاہین کی سعادت اور جب تک کوئی ان مرحلوں سے نہیں گزرتا عزت و احترام کے مقام رفیع کو حاصل نہیں کر سکتا وہ کہتے ہیں ۔

شہ پر زاغ و زغن در بند و قید و صید نیست
کیں سعادت قسمت شہ باز و شاہین کردہ اند

انہوں نے مسلمانوں کو ترغیب دلائی کہ کرگسی کی دوں ہمتی چھوڑیں اور شاہین کی پرواز اپنے بال وہ پر میں پیدا کریں۔

پرواز ہے دونوں کی اسی ایک فضا میں
شاہیں کا جہاں اور ہے، کرگس کا جہاں اور

اقبال کے نزدیک علم و فراست اپنی تمام خوبیوں کے باوجود اس وقت تک بے قیمت ہیں جب تک ان کا حامل تیغ و سپر سے بھی آراستہ نہ ہو ان کے نزدیک شاہین زادگی کی شرط اول مرد غازی کی تیغ و سپر سے موانست ہے۔ فرماتے ہیں کہ ۔

من آں علم و فراست باپر کاہے نمی گیرم
کہ از تیغ و سپر بیگانہ ساز د مردِ غازی را"

(حوالہ: تقریر قائد ملت بعنوان اقبال کا شاہین زادہ ۲۱! اپریل ۱۹۳۹ء کے جشن یوم اقبال منعقدہ زمرد محل میں فرمائی۔ مشمولہ بہادر یار جنگ کی غیر سیاسی تقریریں۔۔۔۔۔ مرتبہ نذیر الدین احمد)

علامہ اقبال کے ایمان افروز انقلابی پیام سے قائد ملت اس درجہ متاثر تھے کہ ان کی کوئی تقریر یا تحریر ذکر و فکر اقبال سے خالی نہ ہوتی۔

(ماخوذ: از سوانح بہادر یار جنگ۔ جلد سوم مرتبہ نذیر الدین احمد۔ ناشر: بہادر یار جنگ اکیڈیمی حیدر آباد۔
جون ۱۹۹۰ء)

***

# کیا پوچھتے ہو، کسے کھو دیا

## سید خلیل اللہ حسینی

بانی کل ہند مجلس تعمیر ملت و صدر اقبال اکیڈیمی

"جناب سید خلیل اللہ حسینی مرحوم نے سقوطِ حیدرآباد کے بعد ناسازگار حالات میں بہادر یار جنگ کے چھوڑے ہوئے نقوش راہ پر نہ صرف نوجوانوں کو گامزن کیا بلکہ پیام اقبال کو عام کرنے کی کوششوں کو جاری رکھا، اسی مناسبت سے یہ مضمون قارئین کی خدمت میں پیش کیا جارہا ہے۔" (ادارہ)

مت سہل ہمیں جانو، پھرتا ہے فلک برسوں
تب خاک کے پردے سے انسان نکلتے ہیں

سطحِ سمندر پر بارش کے بے حساب قطرے پڑتے ہیں لیکن چند ہی کے نصیب میں رہتا ہے کہ دہنِ صدف کی زینت بنیں اور موتی بن کر چمکیں، موتیاں تو پھر بھی مل جاتی ہیں لیکن وہ گہر آبدار جو حسینۂ فطرت کے حسن کو نکھار دے، کم ہی ملتے ہیں، اور جب کبھی بھی ملتے ہیں، دنیائے حسن کی رونق دوبالا کر دیتے ہیں۔

یوں تو ہر روز شاخِ گل تو جھومتی ہے کلیاں مسکراتی ہیں مرجھا جاتی ہیں، نہ باغباں توجہ کرتا ہے نہ نازنینان سیر پسند، لیکن کبھی کسی شاخِ حیات پر وہ پھول کھلتا ہے جو باغبان

کی زندگی کا حاصل اور چمن کی آبرو بن جاتا ہے اس کا بے مثال حسن اور جانفزا رنگ، سب کو اپنی جانب متوجہ کر لیتے ہیں اور لگتا ہے کہ یوں تو بہار کا پیام حیات ساری چمن کے لئے ہے مگر یہ پھول نازنینِ بہار کی تمناؤں کا حاصل ہے، فطرت کا البیلا فرزند ہے جس کے لئے عناصرِ فطرت نے توجہ خاص صرف کی ہے، اور مصوّرِ فطرت نے اس کو بنا کر گویا اپنے کمال فن پر ناز کیا ہے۔

موتیوں اور گُلوں کی دنیا کی طرح انسانوں میں بھی کبھی کوئی واقعی انسان، کوئی با کمال ہستی اور کوئی عظیم شخصیت پیدا ہو جاتی ہے جو انسانیت کے ماتھے کا چمکتا ٹیکہ اور عروسِ انسانیت کا جھلملاتا زیور بنا، انسان کے گرتے مقام کو سنبھال لیتا ہے۔

بہادر خان، ایسے ہی ایک فرد تھے جو بقول سلیمان ندوی مرحوم "سینکڑوں سال میں پیدا ہوتے ہیں اور جب کبھی ہوتے ہیں انقلاب آفرین ہوتے ہیں۔

عام طور پر بہادر خان لسان الامت کے خطاب سے یاد کئے جاتے ہیں۔ انکی خطیبانہ عظمت کا اکثر تذکرہ ہوتا رہتا ہے اور بلاشبہ وہ دنیائے اُردو کے فقید المثال خطیب تھے لیکن ان کی خطیبانہ بلند آہنگی نے انکی شخصیت کو چھپا دیا۔ ان کی شعلہ نوائی نے ان کی جانِ پُر سوز کے لئے پردہ کا کام کیا۔ لوگوں نے شمع کا نور دیکھا۔ اس کے سوزِ دل کا اندازہ نہیں کیا۔ جگنو کی چمک دیکھی لیکن اس عاشقِ وارفتہ کی جگر سوزی اور اضطرار کا راز نہ جان سکے، اقبال کو شکایت تھی کہ لوگوں نے انہیں شاعر اور مغنی سمجھ لیا ہے لیکن اس پیام پر ان کی نظر نہیں گئی جو انکی نوائے عاشقانہ کا حاصل تھی۔

بہادر خاں اگر صرف خطیب ہوتے تو اپنی ساری مشّاقِ خطابت اور مقررانہ عظمت کے باوجود پھر بھی قائد ملت نہ ہوتے۔ اگر ان کی غیر معمولی تنظیمی صلاحیت کی تعریف مقصود ہے تو بلاشبہ اس میدان اجتماعی میں بھی وہ اپنی نظیر آپ تھے لیکن تنظیمی صلاحیت

ان کی عظمت کا راز نہ تھی۔ اگر ان کی دل موہ لینے والی قد آور شخصیت کی ستائش کی جاتی ہے تو بھی بے جا ہے کہ ایک عظیم اور پُر اسرار شخصیت اپنے دلربا تبسم سے دلوں کو مٹھی میں لے لیتی ہے اور دلوں کو مسخر کرنے کا ان کا فن خوبانِ شہر کے لئے بھی باعثِ صد رشک و حسرت تھا لیکن یہ دلآویزئ طبع بجائے خود عظمت بہادر خاں کی کلید نہیں ہے۔

اگر بہادر خان کی بے پناہ جرأت کا تذکرہ ہوتا ہے تو ہونا چاہئے۔ ایک مسلمان اور پھر پٹھان، اگر جری نہ ہوتا تو کیا ہوتا، ایک مرد خود آگاہ و خدا مست بے باک نہ ہو تو اور کون ہو گا؟ لیکن انسانیت کی تاریخ عموماً اور مسلمانوں کی تاریخ خصوصاً بہادروں کے تذکرہ سے بھری پڑی ہے جرأت کم ہوتے ہوئے بھی اتنی عام صنف ہے کہ بہادر خان کے کلۂ افتخار کا طرّہ نہیں بن سکتی۔

سوانح نگاروں نے ان کی غیر معمولی قوت حافظہ کی بات کہی ہے بلاشبہ ان کا حافظہ بلا کا اور یادداشت غضب کی تھی لیکن یہ صلاحیت خدا کی دی ہوئی ہوتی ہے۔ اس میں کسب کا دخل کم ہوتا ہے اس لئے وجہ ناز اور سرمایہ افتخار نہیں ہو سکتی۔

بہادر خان کی عظمت کا راز یہ تھا کہ وہ ایک انسان تھے انسانوں کی دنیا میں انسان تھے اور یہی بڑی غیر معمولی بات ہے!

انسان، انسانیت کی ان صفاتِ عالیہ سے عبارت ہے جن کی بنا پر "وہ حیوان۔۔۔ ہم جسے انسان کہتے ہیں" احسن التقویم کے تاجِ زرنگار سے آراستہ ہوا، خلیفۃ اللہ فی الارض کے وہ فرمان سے مشرف ہوا اور خدا کی ساری مخلوق میں ممتاز ہوا بلکہ مقربانِ بارگاہ الٰہی کا مسجود بنا۔

بہادر خان کے اخلاق ایسے اعلیٰ تھے کہ لوگوں نے بجا طور پر کہا ہے کہ بیسویں صدی میں صحابہؓ کی زندگی کا نمونہ نظر آتا تھا، ان کی ملنساری اور خوش مزاجی ان کا انکسار

اور خود داری لوگوں کے کام آنے کا جذبۂ بے اختیار، پرائی آگ میں پڑنے کا شوقِ والہانہ، غریبوں کی دستگیری، بیواؤں کی امداد، طالب علموں کی اعانت، غرض وہ اخلاق فاضلہ جن کا واسطہ دے کر حضرت خدیجۃ الکبریٰؓ نے رحمتِ عالم سے فرمایا تھا کہ آپ لوگوں کے کام آتے ہیں، ضرورتمندوں کی دستگیری کرتے ہیں۔۔۔ اس لئے خدا آپ کو تنہا نہ چھوڑے گا۔ ان صفات کی اس دور میں جھلک دیکھی تو محمدؐ عربی ﷺ کے اس غلام میں دیکھی جس کی آنکھیں اپنے آقا کے تذکرے پر اشکبار ہو جاتی تھیں۔

کتنے مسلمان اور غیر مسلم اصحاب نے گواہی دی کہ ان کے آڑے وقتوں میں بہادر خان نے کس طرح ان کی مدد کی۔ بہت سوں کی تو اسطرح مدد کی کہ مدد پانے والے کو پتہ نہ چل سکا کہ ان کا گمنام محسن کون ہے؟

بہادر خان کی وفات پر سب سے اچھی نظم کہنے والی ایک خاتون شاعرہ تھیں اور سب سے اچھا خراج عقیدت پیش کرنے والوں میں ان کے مسلک کے شدید مخالف مسلمان یا پارسی اور ہندو لیڈر تھے۔ یہ محض اتفاق نہیں ہے۔ ان کی تقریروں پر جھومنے والے مسلمان ان کو پوری طرح سمجھ نہ سکے اور یہی وجہ ہے کہ آج تک بھی کوئی ایسا خراج عقیدت نہ پیش کر سکے جو ان کے شایانِ شان ہوتا ہے۔

ہاں! ان کو سمجھا تو طبقۂ نسوان نے کہ اسے اپنی مظلومی اور محرومی کا احساس تھا اور بہادر خان کے روپ میں انہیں ایک اللہ کا بندہ ایسا ملا تھا کہ انہیں یقین تھا کہ اللہ کے دیئے ہوئے سارے حقوق وہ ان کو دلوا کر رہے گا۔

ان کے مسلکِ سیاسی کے مخالف جو مسلمان تھے انھوں نے اختلاف کے طوفان میں بھی بہادر خاں کو ایک شریف دشمن پایا۔

پارسی طبقہ تھا جس کو یہ یقین تھا کہ بہادر خان جیسے انسان کے ہوتے ہوئے انھیں

اپنے حال اور مستقبل کی کوئی فکر نہ کرنی چاہئے۔

ہندو لیڈر تھے جو بہادر خان سے بارہا "گفتگوئے مفاہمت" کر چکے تھے۔ ان میں مسٹر نرسنگ راؤ کا تذکرہ ضروری ہے کہ انھوں نے کہا تھا کہ ہم دونوں ایک دوسرے کے سامنے اپنا دل کھول کر رکھ دیتے تھے اور کوئی بات طے ہو جاتی تو ہمیں اعتماد رہتا کہ بہادر خان پر بھروسہ کیا جا سکتا ہے۔

گلبرگہ میں ایک مسجد سے متصلہ خطۂ زمین کے حقِ ملکیت کے بارے میں ہندوؤں اور مسلمانوں میں نزاع پیدا ہوئی۔ ہر فریق کو اپنے حق پر اصرار تھا، جھگڑے نے طول کھینچا اور صورت حال کو ناگوار ہوتا دیکھ کر بعض سمجھ داروں نے مشورہ دیا کہ ثالثی سے تصفیہ کر لیا جائے۔ اتفاق دونوں فریقوں کا ہوا، بہادر خاں پر، مسلمان یہ سمجھتے تھے کہ بہادر خان مسلمانوں کے لیڈر ہیں اس لئے مسلمانوں کے حق میں فیصلہ کریں گے۔ ہندو یہ سمجھتے تھے کہ ایک سچا انسان ہے کیونکہ پکّا مسلمان ہے اس لئے وہ ناانصافی نہیں کرے گا۔ لطف کی بات تو یہ ہوگئی کہ نواب صاحب نے یہ نتیجہ اخذ کیا کہ ہندوؤں کا دعویٰ درست ہے اور مسلمانوں کا غلط۔ چنانچہ انھوں نے یہی فیصلہ دے دیا۔ مسلمان ناراض ہو گئے لیکن بہادر خان نے انھیں قرآنی ارشاد سنایا کہ کسی قوم سے مخالفت تم کو ناانصافی پر نہ ڈال دے، انصاف کرو کہ وہ تقویٰ سے قریب تر ہے۔ مسلمان تو خاموش ہی ہو گئے لیکن ہندوؤں نے سمجھا کہ ان کا اندازہ کتنا صحیح تھا کہ ایک سچے مسلمان پر وہ بھروسہ کر سکتے ہیں کہ سچا مسلمان شریف انسان ہوتا ہے۔

لوگوں سے ملنے جلنے کے انداز، چھوٹوں سے محبت، اور بڑوں کا ادب، ان صفات کا پیکر میں نے تو صرف بہادر خان کو دیکھا۔ چھوٹوں سے شفقت کا تو میں بھی گواہ ہوں۔ میں

ایک کم عمر طالب علم کی حیثیت سے درس اقبال کی محفلوں میں جاتا اور کسی کونے میں بیٹھ جاتا۔ ایک مرتبہ وہ میرے قریب آئے۔ نام پوچھا، تعلیم کے بارے میں سوال کیا اور ہمت افزائی کے چند کلمات کہے، بات آئی گئی ہو گئی۔

اب اس کے بعد یہ حالت ہو گئی کہ وہ موٹر میں جا رہے ہوں اور میں سیکل پر لیکن سلام میں پہل ہوتی موٹر میں سے۔ پہلی مرتبہ جب دار السلام روڈ پر ایسا سابقہ ہوا تو جواب دینے میں غالباً میرے دونوں ہاتھ اٹھ گئے اور میں سیکل سے گرتا گرتا بچا۔

جن کو وہ اپنا بزرگ سمجھتے تھے ان کا احترام کس انداز سے کرتے تھے اس کا ایک آنکھوں دیکھا واقعہ سنا دوں۔

مولانا سید ابوالاعلیٰ مودودی تشریف لائے ہوئے تھے۔ نظامیہ ہوٹل میں ٹھہرے ہوئے تھے۔ ہم مولانا کو دیکھنے چلے گئے ہوٹل کے کمرے میں مولانا تھے۔ بہادر خان، غالباً انھیں لینے کے لئے آئے تھے اور کمرے کے باہر کچھ فاصلہ پر کھڑے ہوئے گفتار کے شگفتہ پھول برسا رہے تھے۔ اس زندہ دل انسان کی گفتگو میں، میں ایسا محو ہو گیا کہ بھول ہی گیا کہ مولانا مودودی سے ملنے آیا ہوں۔ اتنے میں مودودی صاحب باہر تشریف لائے۔ انہیں دیکھتے ہیں بہادر خان نے اپنے ہاتھ سے سگریٹ اس طرح پھینک دیا جس طرح ہم اپنے والد کو دیکھ کر گھبراہٹ کے عالم میں ایسی اضطراری حرکت کر بیٹھتے ہیں۔

ایک چپراسی صاحب، بہادر خان کے بڑے اعتماد کے کارکن تھے۔ ایک دفعہ جب وہ ملنے گئے اور کمرہ میں بلا لئے گئے تو بچارے ٹھٹ۔۔۔ک سے گئے۔ کیوں کہ اس وقت بہادر خان سے انکے ناظم صاحب مصروفِ تکلم تھے۔ بہادر خان نے بات کو تاڑ لیا اور کہا کہ آپ چپراسی ہونگے دفتر میں، میرے پاس تو سب برابر ہیں بلکہ آپ تو میرے رفیق ہیں

یہ کہہ کر ان کو اپنے بازو صوفہ پر بٹھالیا۔

ایسے واقعات کا انبار لگایا جا سکتا ہے اور ایسا واقعہ بہادر خان کی شرافت، خلوص، انسانی محبت اور جذبۂ خدمت کا ثبوت دیتا رہے گا بہادر خاں کا حال پہاڑ کی بلند چوٹی کا سا تھا۔ دور سے دیکھئے تو جاہ و جلال کا منظر، قریب ہوتے جایئے تو آنکھوں کو ٹھنڈک، دل کو طراوت اور طبیعت کو تازگی ملتی پھر دنیا کا منظر ہی کچھ اور حسین نظر آتا۔

آج انسانوں کے ہجوم میں انسان نہیں ملتا۔ انسانوں کے روپ میں شیاطین اور درندے ملتے ہیں۔ جھوٹے، بے ایمان، ضمیر فروش، ظالم، دھوکہ باز، غرض جملہ شیطانی صفت سے متصف ایسے فرزندان ابلیس نظر آتے ہیں۔ لیکن بہادر خان جیسے انسان جب سامنے آتے ہیں تو یقین ہو جاتا ہے کہ ابھی اللہ کے ایسے بندے موجود ہیں۔

مجھے ایسا خیال آتا ہے کہ بہادر خان کائنات کی وسیع پہنائیوں میں گھومتے ہوئے محض اپنی سادگی سے ہم لوگوں میں آگئے تھے۔ وہ اس گندہ دنیا اور ذلیل انسانیت کے تکلیف دہ ماحول کے لئے موزوں نہ تھے۔ وہ ایسا گُل سر سبد تھے جو ایوانِ فطرت کے رنگ و بو میں چار چاند لگا دیتا ہے۔ ان کا اس دنیا میں آنا ایسا تھا گویا اس گلِ رنگین کو انسانیت کی مزار پر ڈال دیا گیا ہو۔

یہ مکر بھری دنیا بہادر خاں کے رہنے کے قابل نہ تھی۔ یہاں سقراط کو زہر کا پیالہ دیا جاتا ہے۔ عیسیٰؑ کو سولی پر چڑھایا جاتا ہے۔ بالآخر اسی دنیا نے بہادر خاں کو حقہ پیش کر دیا۔ انسان اپنی حیوانی روایت پر پورا اترا لیکن خدا کے نیک بندے سے ایسا سلوک دعویدارانِ انسانیت کو مہنگا پڑا۔ اس کی جاگیر کیالی ساری ریاست چھن گئی۔ ہم اس کی حفاظت کرنے میں ناکام رہے۔

لیڈر تو ممکن ہے مل جائیں، آتش نوا خطیب بھی شائد پیدا ہو جائیں لیکن ایسا انسان کہاں سے آئے گا؟

مگر کہا جاتا ہے کہ ہر پیدا ہونے والا بچہ رو کر یہ اعلان کرتا ہے کہ ابھی خدا انسان سے مایوس نہیں ہوا ہے!

(ماخوذ از: ہفتہ وار شعور، قائد ملت نمبر ۱۹۶۴ء)

***

# اقبال اور قائد ملت بہادر خان مرحوم

## ڈاکٹر غلام دستگیر رشیدؔ

نام خدا "اہل شعور" کا تقاضہ ہے کہ اقبالؒ اور قائد ملتؒ کے عنوان سے خاص نمبر کے لئے کچھ سپرد قلم کروں۔ یہ حکایت لذیذ تر، بھی ہے۔ اور دراز تر ہونے کا تقاضہ کرتی ہے لیکن آج کل فرصتِ کاروبار شوق نہیں۔ اس لئے " تلقین درسِ اہلِ نظر یک اشارت است " کے مشورہ حافظ پر عمل کے لئے مجبور و معذور ہوں۔

اگرچہ قائد ملتؒ کو بعض اسباب سے یونیورسٹی کی باضابطہ اعلیٰ تعلیم کا موقعہ نہ مل سکا۔ لیکن ان کا دماغ فطرتاً اس کا طالب تھا اور دل اس اعلیٰ جذبہ کا حامل تھا۔ (اپنی بلند فطرت کی اس پیاس کو بجھانے کے لئے) انہوں نے بعض خاص ذرائع اختیار کئے تھے۔

اعلیٰ دینی علوم کی کتابیں وہ مشہور عالم و ادیب و پروفیسر مولانا شمسی صاحب مرحوم سے عرصہ تک پڑھتے رہے۔ حجتہ الاسلام حضرت شاہ ولی اللہ صاحب کی شاہکار تصنیف حجتہ اللہ البالغہ بھی انہوں نے شمسی صاحب مرحوم سے پڑھی تھی۔ مطالعہ کا انہیں بڑا ذوق تھا۔ ان کا ایک منتخب کتب خانہ تھا۔ اس کتاب خانہ میں تفسیر، سیرت اور اقبال کی تصانیف کا ایک گنجینہ تھا۔ تفسیر کا مطالعہ خود کرتے اور اپنی دیوڑھی کے قریب ایک چھوٹی سی مسجد میں تفسیر کا درس دیتے۔ سیرت کے جلسوں ہی سے انکی خطابت اور اس کی مقبولیت کی بنیاد پڑی۔

ان دنوں نواب فصاحت جنگ مرحوم کی دعوت پر ان کے بنگلہ میں سیرۃ النبیؐ کے ایک تقریر کے لئے حضرت مولانا سید سلیمان صاحب مرحوم مشہور سیرت نگار تشریف لائے۔ نواب بہادر یار جنگ نے پہلی ملاقات میں ان سے فرمایا کہ " میں آپ کا شاگرد ہوں "۔ مولانا سلیمان حیران ہوئے اتنا لمبا چوڑا اور وجیہ میرا شاگرد رہا ہو اور میں کس طرح بھول گیا؟۔ اس حیرت کو توڑنے کے لئے نواب صاحب مرحوم نے تشریح کی کہ میں آپ کی کتابوں کے مطالعہ سے آپ کا شاگرد بنا ہوں خصوصاً سیرت پر آپ کے خطبات مدراس کے تو قائد ملت حافظ تھے۔ ہر سال مجالس سیرت کے سلسلہ میں اس کتاب کا بار بار مطالعہ فرماتے۔

اسی طرح ان کی فکر و نظر کا ایک سرچشمۂ شیریں کلامِ اقبالؒ تھا۔ اقبال کے کلام میں انہیں قلب و نظر کا ایک آئینہ مل گیا تھا۔ خود تصانیف اقبال بار بار پڑھتے تھے۔ ذوق اور حافظہ کی بدولت اکثر اشعار اقبال بہ زبان تھے۔ اپنی تقریروں میں نگینوں کی طرح انہیں جڑتے۔

وہ بیان فرماتے کہ ایک بار لاہور گئے اور اس کی انہیں بڑی تمنا تھی کہ وہ اقبال کو شعر کہتے ہوئے حال میں دیکھیں۔ خوش قسمتی سے وہ بہت سویرے آہِ سحر خیزی کے وقت جاوید منزل پہونچ گئے۔ حسب عادت اقبال، تلاوت کر کے بعد شعر کہنے میں محو تھے۔ علی بخش مرحوم کی مدد سے نواب صاحب نہایت خاموشی سے ان کے پیچھے جا کر بیٹھ گئے۔ اقبال اپنے شعر گوئی اور گنگنانے میں محو تھے۔ جب یہ مشغلہ ختم ہوا تھا تو باہمی گفتگو ہوئی۔ یہ واقعہ ایک نمونہ اور علامت ہے کہ وہ اقبال اور کلام اقبال سے کس طرح دل بستگی رکھتے تھے۔

اس مطالعہ سے بھی ان کی تشنگی نہیں بجھتی تھی۔ آخر میں اہلِ ذوق کے مشورہ سے

حلقہ اقبال کی بنیاد ڈالی۔ ان دنوں جمعہ کو تعطیل ہوتی تھی۔ جمعہ کے دن عصر سے مغرب تک یہ بزم آراستہ ہوتی۔ چائے یا شربت کے دَور کے بعد اس کا آغاز ہوتا۔ حیدرآباد میں بفضل خدا اقبال شناسوں اور ماہرین کلام اقبال ایک ممتاز و منتخب گروہ تھا۔ قائد ملت کی ذات اس کشش کا مرکز ثقل تھے۔ ڈاکٹر رضی الدین، رومی اور اقبال سے بڑی گہری دلچسپی رکھتے۔ یوم اقبال کے موقع پر ایک عالمانہ خطبہ پڑھتے "اقبال موت اور حیات"، "اقبال حضورِ باری میں" جیسے اہم مقالات انہوں نے سپرد قلم فرمائے۔ ان کے اقبال کے موضوع پر مقالات کا شاہکار میری رائے میں "اقبال کا تصور زماں" ہے۔

اسی طرح ڈاکٹر یوسف حسین خان صاحب پرو وائس چانسلر مسلم یونیورسٹی علی گڈھ "روحِ اقبال" اپنے پٹھانی بدن میں لئے پھرتے تھے۔ اقبال کے عمرانی تصورات اور ادبی پہلوؤں پر اپنے مطالعہ کا نچوڑ انہوں نے "روحِ اقبال" میں پیش کیا ہے۔ سید عبدالواحد ناظم جنگلات بھی ان دنوں حیدرآباد میں تھے۔ جنہوں نے IQBAL'S ART AND THOUGHT لکھی ہے۔ ڈاکٹر میر ولی الدین صدر شعبہ فلسفہ بھی صاحبِ "رموزِ اقبال" ہو گئے تھے۔ پروفیسر ڈاکٹر خلیفہ عبدالحکیم اقبال کے شاگرد اور کلام اقبال کے نکتہ شناس استاد تھے بعد میں "فکر اقبال" کے وہ مصنف ہو گئے۔--------- لیکن آپ کی اس کتاب فکر اقبال سے بہت پہلے میں نے کلام اقبال کے بعض اہم اور نازک پہلوؤں پر اہل فکر و نظر کے مقالات منتخب کا ایک مجموعہ فکر اقبال کے نام سے شائع کیا تھا جو اس سیریز میں تیسری کتاب تھی۔ ہم میں اکثر اصحاب اس ہفتہ وار بزم اقبال میں شریک ہوتے تھے۔

نواب صاحب حتی الامکان خود شرکت کی کوشش فرماتے۔ پھر تو ایک مثالی مذاکرہ اور علمی مباحثہ رہتا۔

اس حلقہ میں کلام اقبال کا مطالعہ اور فکر اقبال کے تاریخی ترتیب سے شروع ہوا۔ پہلے اسرار خودی اور رموز بیخودی کا مطالعہ تدریسی ترتیب سے انجام کو پہونچا پھر جاوید نامہ کا مکمل بالاستیعاب درساًدرساً تحقیقی مطالعہ تکمیل کو پہونچا۔ یہ سلسلہ ان کی زندگی کے آخری دن بھی جاری رہا۔ اتوار کا دن تھا۔ رجب کی تیسری تاریخ تھی۔ عصر کے بعد محفل جمع تھی۔ اس وقت " پس چہ باید کرد اے اقوام مشرق زیر" مطالعہ تھی۔ بیت الامت (دولت کدۂ ۂ ۂ بہادر یار جنگ مرحوم) میں درسِ اقبال کی حکمت آموز اور دل سوز صحبت جاری تھی۔ حلقہ اقبال کے بانی اور حکمتِ اقبال کے شیدائی قائد ملت، لسانِ امت، جن کی سراپا جہاد زندگی خود درس اور اللہ بس باقی ہوس کے مصداق اپنی تہی کو پُر اور خزف کو دُرّ کرنے والی شرکت سے اس میں ۔

پختہ سازد صحبتش ہر خام را

تازہ غو نمائے دہد ایام را

کا رنگ پیدا کر رہے تھے۔ جب میں اس مثنوی کی جلال آفرین نظم "حکمت کلیمی" کے اس شعر ۔

مردِ حق افسونِ ایں دیر کہن

از دو حرف ربی الاعلی شکن

سے آگے بڑھنے لگا تو فرمایا" رشید صاحب! یہ مقامات جلد گزرنے کے نہیں!" میں نے کہا" بہت خوب " آہ کسے خبر تھی کہ یہ مرد حق دو ایک گھنٹوں کے اندر اس دیر کہن کے افسوں کو توڑتے ہوئے یہاں سے گزر جائے گا۔ اور کلام اقبال کا یہ پیکرِ عمل اپنے حریفانِ بادہ کو ۔

غیرت اُو بر نگیرد حکمِ غیر

قصرِ سلطاں در نگاہش کہنہ دیر

کے مظاہروں سے تا قیامت محروم کر دیگا۔

خدا بخشے بہت خوبیاں تھیں مرنے والے میں

(ماخوذ از ہفتہ وار "شعور" قائد ملت نمبر ۱۹۶۴ء)

* * *

# اقبال کا شاہین زادہ

## بہادر یار جنگ

(قائد ملت کی تقریر جو انہوں نے اپنی زبان بندی کے ایک سال بعد ۲۱ء اپریل ۱۹۳۹ء کو یوم اقبال کے موقع پر کی۔)

میرے نالے فضائے حیدر آباد سے کچھ اس طرح نا آشنا ہو چکے تھے کہ مجھے یاد بھی نہ تھا کہ آج تقریر کرنی ہے۔ آج سے ڈیڑھ سال قبل علامہ اقبال کی زندگی میں اقبال کے تصور مومن کو پیش کر کے خود ان سے داد حاصل کی تھی اور آج ان کے انتقال کے بعد مختصراً اپنا تحفۂ عقیدت ان کی سرمدی اور ابدی دعاؤں کی امید پر پیش کر رہا ہوں۔

اقبال کے پیام کا سب سے نمایاں حصہ مسلمان کی خودی کو بیدار کرنا ہے۔ اپنے پورے کلام میں انہوں نے اسی چیز کو بہ انداز مختلف پیش کیا ہے۔ اس کے لئے انہوں نے جو تشبیہیں اختیار کیں ان میں سب سے زیادہ نمایاں شاہین اور شاہین زادہ کی تشبیہ ہے، وہ جتانا چاہتے ہیں کہ مسلمان کرگسِ خاکی نہیں بلکہ شاہین بلند پرواز و فضاء پیماء ہے۔ اقبال کے کلام کا رنگ شاہ بازی سکھاتا ہے۔ انہوں نے بتایا کہ مسلمان کا مقام صحبتِ مرغِ چمن نہیں بلکہ وسعتِ ارض و سما ہے۔

اس سلسلہ میں انہوں نے فطرتِ انسانی کے بہت سے پوشیدہ گوشوں کو نمایاں کیا۔ یہ حقیقت ہے کہ انسان جب محنت و مشقت کے بغیر رزق حاصل کرنے لگتا ہے اور اس کا

عادی بن جاتا ہے تو اس کی بہت سی ایسی صلاحیتیں اس سے چھن جاتی ہیں جن پر اس کی با عزت انفرادی و اجتماعی زندگی کا مدار ہے ان انسانی صلاحیتوں میں سب سے ضروری اور اہم صلاحیت انسان کی شجاعت اور اس کا جذبۂ عزت نفس ہے اور مفت خوری کا اثر سب سے زیادہ اسی صلاحیت پر پڑتا ہے اور شجاعت و بلند ہمتی جبن اور پستیِ خیال سے بدل جاتی ہے اسی کو اقبال نے اس شعر میں بڑے اچھے انداز میں بیان کیا ہے، وہ کہتے ہیں کہ اگر شاہین بچوں کو بھی پابند قفس کر کے عطائے صیاد کا امیدوار بنا دو تو چند روز میں وہ بٹیر کے پر کی پھڑ پھڑاہٹ سے بھی لرزہ بر اندام ہو جائیں گے۔

تنش از سایۂ بال تدروے لرزہ می گیرد
چو شاہین زادۂ اندر قفس با دانہ می سازد

تم غور کرو کہ کیا حیدرآباد کا مسلمان گذشتہ دو سو سال سے " اندر قفس با دانہ ساختن "کا عادی نہیں ہو گیا ہے اور کیا آج یہ شاہین زادہ سایۂ بال تدرو سے لرزہ بر اندام نہیں ہے۔

اقبال کے نزدیک آرام و راحت زاغ و زغن کا کام ہے اور قید و صید کی بند شیں قسمت شاہین کی سعادت اور جب تک کوئی ان مرحلوں سے نہیں گزرتا عزت و احترام کے مقام رفیع کو حاصل نہیں کر سکتا وہ کہتے ہیں۔

شہ پر زاغ و زغن در بند و قید و صید نیست
کیں سعادت قسمت شہ باز و شاہین کردہ اند

انہوں نے مسلمانوں کو ترغیب دلائی کہ کرگس کی دوں ہمتی چھوڑیں اور شاہین کی پرواز اپنے بال و پر میں پیدا کریں۔

پرواز ہے دونوں کی اسی ایک فضا میں

کرگس کا جہاں اور ہے شاہیں کا جہاں اور

اقبال کے نزدیک علم و فراست اپنی تمام خوبیوں کے باوجود اس وقت تک بے قیمت ہیں جب تک ان کا حامل تیغ و سپر سے بھی آراستہ نہ ہو ان کے نزدیک شاہین زادگی کی شرط اول مرد غازی کی تیغ و سپر سے موانست ہے۔ فرماتے ہیں کہ

من آن علم و فراست با پرِ کاہے نمی گیرم

کہ از تیغ و سپر بیگانہ سازد مردِ غازی را

(ماخوذ از "سیاسی تقاریر" لسان الامت بہادر یار جنگ۔
ناشر دارالاشاعت سیاسیہ حیدرآباد ۱۹۴۱ء ص ۱۵ تا ۱۸)

***

# ادارۂ اقبال لکھنو میں بہادر یار جنگ کی افتتاحی تقریر

## عبدالوحید خاں

(مضمون نگار نے لکھنو میں ادارۂ اقبال قائم کیا تھا اور اس کے لئے موصوف نے بہادر یار جنگ کو افتتاح کی دعوت دی تھی۔ زیر نظر شذرہ اس افتتاحی تقریب کے بارے میں ہے۔)

الہ آباد سے آپ میری دعوت پر لکھنؤ تشریف لے گئے جہاں تین دن قیام فرمایا اس کی صورت یہ ہوئی کہ میں نے لکھنؤ میں "ادارۂ اقبالؒ" قائم کیا تھا جس کا مقصد علامہ اقبالؒ کی تعلیمات کو مقبول بنانا اور ان کی شاعری کو عوام تک پہنچانا تھا جو ایک نئی اور غیر معمولی بات تھی۔ انیسؔ اور دبیرؔ کے شہر میں جس کا ہمیشہ نعرہ "اناولا غیری" تھا اقبال کو بہ حیثیت شاعر کے تسلیم کرنا کفر سمجھا جاتا تھا۔ "بال جبریل" اور "ضرب کلیم" کی اشاعت کے بعد کچھ عرصہ تک اودھ پنچ میں کارٹونوں کے ساتھ اقبال کے خلاف مضامین نکلتے رہے۔ لکھنؤ کے ادیب شعراء سوائے جدید تعلیم یافتہ لوگوں کے اقبال کو ایک مفکر اور بلند پایہ فلسفی تو مانتے تھے مگر زبان داں اور شاعر کی حیثیت سے ان کو کوئی درجہ نہیں دیتے تھے۔ میں نے ۱۹۴۱ء میں دہلی میں نواب صاحب سے ذکر کیا کہ آپ کو علامہ اقبال سے بے حد شغف ہے بلکہ آپ کا دعویٰ ہے کہ آپ کے خیالات کی روانی اقبال کی

مرہونِ منت ہے۔ آپ میری مدد فرمائیں۔ لکھنو میں "ادارہ اقبال" کا افتتاح آپ خود کریں ورنہ اس کی کوئی آواز نہ ہو گی۔

آنجہانی سر تیج بہادر سپرو کا یہی مشورہ تھا۔ آپ نے فرمایا کہ آئندہ سال میں ضرور لکھنؤ آجاؤں گا، اور اس کام کو انجام دوں گا۔ اتفاق سے اس سال الہ آباد میں اجلاس ہو گیا۔ جہاں آپ تشریف لائے۔ حیدرآباد سے روانہ ہونے سے قبل ہی لکھنو کا پروگرام مجھ سے طے ہو گیا میں اسی سال اتفاق سے کچھ عرصہ کے لئے لکھنو کی شہری مسلم لیگ کا صدر بھی تھا اور میری خواہش تھی کہ مسلم لیگ کی طرف سے آپ کا استقبال ہو، اور ڈسٹرکٹ بورڈ اور میونسپل بورڈ کی طرف سے ایڈریس پیش ہو۔ لیکن آپ نے فرمایا کہ میں صرف "ادارہ اقبال" کی دعوت پر لکھنو جانا چاہتا ہوں اور اسی ایک ادارے کے پلیٹ فارم پر تقریر کروں گا۔ اسی لیے اور کسی قسم کا کوئی اہتمام نہیں ہونا چاہئے۔ آپ کی ادارہ اقبال کی تقریر کو نشر کرانے کا خاص طور پر اہتمام کیا گیا تھا لیکن عین وقت پر اوپر سے ہدایت آگئی اور یہ اہتمام پایہ تکمیل کو نہ پہنچ سکا۔ جنگ کی پابندیوں کی وجہ سے کھلے میدان میں جلسہ نہ ہو سکتا تھا۔ گنگا پرشاد میموریل ہال میں جلسہ ہوا۔ علامہ سلیمان ندوی، مولانا عبدالماجد صاحب دریابادی، مولانا حسرت موہانی اور ساغر نظامی کے علاوہ یو۔پی کے تقریباً ہر جگہ کے ادیب اور علم دوست حضرات خاص طور سے شریک تھے۔ علامہ اقبال کی تعلیمات پر آپ نے ڈیڑھ گھنٹہ تقریر کی۔ میں نے علامہ سلیمان ندوی اور مولانا دریا بادی صاحبان کو تھوڑے تھوڑے وقفہ کے بعد واہ واہ کہتے دیکھا۔ عام حاضرین کی عجیب کیفیت تھی مجھے یقین ہے کہ لکھنو میں نہ اس دن سے پیشتر کبھی ایسی تقریر ہوئی تھی اور نہ اس کے بعد کبھی ہو سکی۔ کئی روز تک لکھنو میں آپ کے انداز تکلم اور طرز تقریر کا چرچا رہا۔

## عبادت، سادگی اور بیباکی

اس شب سوا گیارہ بجے کے بعد کھانا کھایا گیا، کھانے کے بعد ایک بجے تک تمام مہمان آپ کی باتوں سے محظوظ اور علمی افکار سے مستفید ہوتے رہے۔ ایک بجے کے قریب آپ نے سونے کا ارادہ کیا چونکہ دیر زیادہ ہو چکی تھی۔ اس لیے آپ نے مجھ سے اپنی فرودگاہ (کوٹھی بیگم حبیب اللہ) پر اپنے کمرہ میں سونے کی فرمائش کی کیوں کہ صبح کی گاڑی سے آپ کو واپس جانا تھا۔ اس لیے میں اس رات وہیں سو گیا تقریباً چار بجے روشنی اور پیروں کی آہٹ سے میری آنکھ کھل گئی تو دیکھا کہ چارپائی کے پاس جاء نماز بچھی ہے اور نواب صاحب نماز تہجد میں مصروف ہیں نماز کے بعد دیر تک وظیفے میں مصروف رہے اور آخر میں دیر تک مسجود رہے اور گڑ گڑا کر دعا مانگتے رہے۔

(مشمولہ بہادر یار جنگ "اہل نظر کی نظر میں"، مرتبہ نذیر الدین احمد سن اشاعت مئی ۱۹۸۰ء)
بہ حوالہ اقبال اور بزم اقبال حیدرآباد دکن مرتبہ عبدالروف عروج۔
مطبوعہ دارالادب پاکستان ستمبر ۱۹۷۸ء

٭٭٭

# اقبال کا پیام آزادی

## بہادر یار جنگ

(یوم اقبال کے سلسلے میں ۱۵ دسمبر ۱۹۴۰ء کو زمرد محل ٹاکیز میں جناب سید عبدالعزیز صدر المہام حکومت آصفیہ کی زیر صدارت ایک عظیم الشان جلسہ منعقد کیا گیا تھا اس جلسے میں حضرت قائد ملت نے "اقبال کا پیام آزادی" پر جو بصیرت افروز تقریر فرمائی وہ ہدیۂ ناظرین ہے۔)

حمد و نعت کے بعد فرمایا:

خرد کی تنگ دامانی سے فریاد
تجلّی کی فراوانی سے فریاد
گوارا ہے اسے نظارۂ غیر
نگہ کی نامسلمانی سے فریاد

سچا شاعر وقت کے دربار کا نقیب ہوتا ہے اور وہی باتیں اس کی زبان سے شعر کا جامہ پہن کر نکلنے لگتی ہیں جو وقت کی ضرورت اور زمانہ کا تقاضہ ہوتی ہیں۔ اگر اقبال انیسویں صدی میں پیدا ہونے کے بجائے پندرہویں صدی یا سولہویں صدی میں پیدا ہوتے تو شاید ان کی شاعری میں ہم کچھ اور پاتے۔ ہماری خوش نصیبی سے وہ اس زمانہ میں پیدا ہوتے ہیں

جب کہ نہ صرف ہندوستان بلکہ سارا عالمِ اسلام نہ صرف عالم اسلام بلکہ سارا جہانِ مشرق معاشی، سیاسی اور ذہنی حیثیت سے مغرب کی غلامی کی لعنت میں گرفتار تھا۔ اقبال کا دل اور وہ حساس دل جس کو قدرت کا بہترین عطیہ کہنا چاہئے اپنے ماحول کی ان کیفیات سے تڑپ اٹھتا ہے اور وہ اپنی اس غلامی کا نوحہ پڑھنے لگتے ہیں کہتے ہیں۔

شرق و غرب آزاد و ما نخچیرِ غیر

خشتِ ما سرمایۂ تعمیرِ غیر

زندگانی بر مرادِ دیگراں

جاوداں مرگ است نے خوابِ گراں

ترجمہ :( مشرق اور مغرب آزاد ہیں اور ہم غیر کا شکار (غلام) ہیں اور ہماری اینٹ غیر کی تعمیر کا سرمایہ ہے (دوسروں کی مرضی کے مطابق) زندگی، محض گہری نیند نہیں بلکہ مرگِ جاودانی ہے۔)

جب وہ سیاسیات حاضرہ کی تماشہ گاہ پر نظر ڈالتے ہیں تو ان کو ہر طرف اصحابِ تسلط واستبداد کی مکر سامانیوں اور فریب کاریوں سے سابقہ پڑتا ہے، ان کو یہ دیکھ کر حیرت ہوتی ہے کہ غلاموں میں کس طرح نشۂ غلامی کو تیز تر کرنے کی کوشش کی جارہی ہے اور غلاموں کے قلب و دماغ کو کس طرح دیوار محبس میں آسودہ رہنے کی تعلیم دی جارہی ہے۔ وہ مرغِ زیرک کی دانہ مستی پر تڑپ جاتے ہیں اور اس سیاسیات حاضرہ کو توڑنے پر آمادہ ہو جاتے ہیں اور اس کی نسبت یوں نغمہ سرا ہوتے ہیں۔

می کند بندِ غلاماں سخت تر

حرّیت می خواند اُو را بے بصر

در فضایش بال و پر نتواں کشود

با کلیدش ہیچ در نتواں کشود

گفت با مرغِ قفس "اے درد مند

آشیاں در خانۂ صیاد بند

ہر کہ ساز و آشیاں در دشت و مرغ

او نباشد ایمن از شاہین و چرغ"

از فسونش مرغِ زیرک دانہ مست

نالہ ہا اندر گلوئے خود شکست

الحذر از گرمیٔ گفتارِ اُو

الحذر از حرفِ پہلو دار اُو

(ترجمہ:

(دورِ حاضر کی سیاست) غلامی کے بند (قید) کو اور سخت کر دیتی ہے۔ حریت (آزادی) اسے بے بصر (اندھا) کہتی ہے۔

(ملوکیت کی) اس فضاء میں پرواز ممکن نہیں۔ اس کی کنجی سے کوئی دروازہ نہیں کھل سکتا (یعنی کوئی مسئلہ حل نہیں ہو سکتا)

(ملوکیت) قفس میں قید، پرندہ سے کہتی ہے کہ "(غلامی پر رضا مند ہو کر) شکاری کے گھر میں اپنا آشیانہ بنالے۔

جو کوئی بیاباں اور باغ میں آشیانہ بناتا ہے وہ شاہین اور چرغ (یعنی شکار کرنے والے پرندوں سے) سے محفوظ نہیں رہ سکتا۔

اس کے جادو کے اثر سے عقلمند پرندہ بھی دانہ مست بن جاتا ہے اور اس کا نالہ اس کے گلے میں پھنس جاتا ہے۔

اس کی گرمی گفتار اور پر فریب باتوں سے اللہ بچائے۔)

اقبال کو اقوام مستبد و غالب کی ان فسوں کاریوں سے زیادہ اقوام مغلوب و محکوم کی کوتاہیوں پر غصہ آتا ہے وہ سمجھتے ہیں کو غالب اپنی حاکمیت میں اتنا قصوروار نہیں جتنا مغلوب اپنی محکومیت کے لیے ذمہ دار ہے کہتے ہیں۔

جاں بھی گروِ غیر، بدن بھی گروِ غیر!
افسوس کہ باقی نہ مکاں ہے، نہ مکیں ہے!
یورپ کی غلامی پہ رضا مند ہوا تو
مجھ کو تو گلہ تجھ سے ہے، یورپ سے نہیں ہے!

انھوں نے بارہا اس بات کو ظاہر کیا کہ خواجگی کی مشکلوں کہ آسان کرنے میں تمام تر مجرم غلام کی خوئے غلامی ہے۔

دورِ حاضر ہے حقیقت میں وہی عہدِ قدیم
اہلِ سجادہ ہیں یا اہلِ سیاست ہیں امام
اس میں پیری کی کرامت ہے نہ میری کا ہے زور
سینکڑوں صدیوں سے خوگر ہیں غلامی کے عوام!
خواجگی میں کوئی مشکل نہیں رہتی باقی
پختہ ہو جاتے ہیں جب خوئے غلامی میں غلام!

انھوں نے ان صفات کو ایک ایک کر کے گنایا ہے جو قوموں میں گھن کی طرف لگتی ہیں۔ آگ کی طرح بھڑکنے لگتی ہیں اور ان کو عضوِ معطل بنا دیتی ہیں۔ ان صفات کا ذکر جس درد بھرے انداز میں انھوں نے کیا ہے وہ ان کے قلب کی درد مندانہ کیفیات کا آئینہ دار ہے کہتے ہیں۔

وائے قومے کشتۂ تدبیرِ غیر
کارِ او تخریبِ خود تعمیرِ غیر
می شود در علم و فن صاحب نظر
از وجودِ خود نگردد با خبر!
نقشِ حق را از نگینِ خود سترد
در ضمیرش آرزوہا زاد و مرد
از حیا بیگانہ پیرانِ کہن
نوجواناں چوں زناں مشغولِ تن
در دلِ شاں آرزوہا بے ثبات
مردہ زایند از بطونِ امہات
ہر زماں اندر تلاشِ ساز و برگ
کارِ اُو فکرِ معاش و ترسِ مرگ
منعمانِ اُو بخیل و عیش دوست
غافل از مغز اند و اندر بندِ پوست
دینِ اُو عہدِ وفا بستن بغیر
یعنی از خشتِ حرم تعمیرِ دیر

(ترجمہ:

اس قوم پر افسوس! جو غیر کی تدبیر (مکاری) کی شکار ہے۔ اُس کا کام اپنی تخریب اور غیر کی تعمیر ہے۔

(ایسی قوم) علم و فن میں صاحب نظر تو ہو جاتی ہے لیکن خود اپنے وجود سے باخبر

نہیں ہوتی۔

(ایسی قوم نے) اپنے نگین سے حق کے نقش کو مٹا دیا۔ اس کے ضمیر میں پیدا ہونے والی آرزو فنا ہو گئی۔

اس کے بوڑھے حیا سے بیگانہ اور اس کے نوجوان، عورتوں کی طرح اپنے بدن (کو آراستہ کرنے میں) مشغول رہتے ہیں۔

ان کے دلوں میں آرزو باقی نہیں رہتی، گویا وہ اپنی ماؤں کے بطن سے مردہ پیدا ہوئے ہیں۔

ان کا کام محض ساز و سامان کی تلاش، فکرِ معاش اور موت کا خوف ہے۔

(ایسی قوم کے) دولت مند بخیل اور عیش پسند ہوتے ہیں۔ وہ مغز (روح) سے غافل اور پوست (جسم) کی قید میں رہتے ہیں۔

ان کا دین غیروں سے عہد وفا باندھنا ہے یعنی وہ حرم کی اینٹ سے بتخانہ کی تعمیر کرتے ہیں۔)

اقبال کو قوم سے زیادہ امیرانِ قوم پر غصہ ہے جو اس گلہ کے چرواہے ہیں اور اس قافلہ کے سالار اور جن کی تن پرستی اور جاہ مستی نے کم نگاہی اور کلیسا دوستی نے نورِ جان سے محرومی اور لا الہ سے بدنصیبی نے قوم کو غلامی کے بُرے دن دکھائے۔ ان کی نسبت کہتے ہیں ۔

داغم از رسوائی ایں کارواں
در امیر او ندیدم نورِ جاں
تن پرست و جاہ مست و کم نگہ
اندرونش بے نصیب از لا الہ

در حرم زاد و کلیسا را مرید!

پردۂ ناموسِ ما را بر درید

(میں اس کاروانِ (حرم) کی رسوائی سے غمگیں ہوں۔ اس کے قافلہ سالاروں (کے دلوں میں) نورِ جاں نظر نہیں آتا۔

وہ تن پرست، جاہ (و منصب) میں مست اور کم نظر ہیں۔ ان کا اندرون لا الہ سے بے نصیب ہے۔

وہ حرم میں پیدا تو ہوئے لیکن کلیسا کے مرید ہیں۔ انھوں نے ہماری ناموس کا پردہ چاک کر دیا ہے۔)

آپ کو جتنا غصہ امیروں پر ہے اتنا ہی قوم کے شعراء حکما اور علماء پر جو ہمیشہ قوموں کی زندگی میں رہبر و رہنما رہے ہیں جن کی گرمیِ گفتار اور پختگیِ کردار سے قوم کے لیے نشانِ راہ پیدا ہوتے ہیں، جن کے فہم صحیح اور فکرِ مرتب نے مشکلات کے دشت و جبل کاٹ کر منزل کے قریب ترین راستے پیدا کیے۔ اقبال کو غم ہوتا ہے کہ غلام قوموں میں شعراء بھی پیدا ہوتے ہیں اور علماء، حکماء بھی لیکن ان کی فکر شیروں کو رمِ آہو سکھاتی ہے۔ قوموں کو غلامی پر رضامند کرتی ہے اور جب ان کا ضمیر انھیں ملامت کرتا ہے تو ان کا دماغ ان کو تاویل کا مسئلہ سکھا دیتا ہے۔

شاعر بھی ہیں پیدا علما بھی، حکما بھی،

خالی نہیں قوموں کی غلامی کا زمانہ!

مقصد ہے ان اللہ کے بندوں کا مگر ایک

ہر ایک ہے گو شرحِ معانی میں یگانہ!

"بہتر ہے کہ شیروں کو سکھا دیں رمِ آہو

باقی نہ رہے شیر کی شیری کا فسانہ !"

کرتے ہیں غلاموں کو غلامی پہ رضامند

تاویلِ مسائل کو بناتے ہیں بہانہ !

" فلک زحل "غدّاران ملت

اقبال ان سب سے زیادہ ان غدارانِ ملت کی یاد سے آتش زیر پا ہو جاتے ہیں جنھوں نے حقیر و نا قابل لحاظ قیمت پر ملت کی آزادی فروخت کر دی۔ جن کی جاہ پرستی اور خطاب دوستی نے قوموں کی زنجیر غلامی کی کڑیاں مضبوط کیں۔ سب سے زیادہ عجیب " جاوید نامہ "کا وہ مقام ہے جہاں اقبال پیر رومیؒ کی معیت میں ہفت افلاک کی سیر کرتے ہوئے "فلک زحل" پر پہنچتے ہیں اور اس دریائے خون کو دیکھتے ہیں جس کی موجیں طوفانِ خون اٹھا رہی ہیں جس کی فضاؤں میں طیور خوش الحان کی بجائے مار و کژدم اڑ رہے ہیں اور جن کے التہاب میں پارہ پارہ ہائے کوہ پگھل رہے ہیں۔ ان کو حیرت ہوتی ہے کہ اس طوفانی سمندر خونیں میں ایک چھوٹی سی کشتی پر دو بدنصیب تھپیڑے کھاتے دکھائی دے رہے ہیں۔ اقبال ان کی مصیبت پر تڑپ اٹھتے ہیں اور پیر رومیؒ سے ان کا حال دریافت کرتے ہیں۔ پیر رومیؒ نے بتایا کہ وہ قوم فروش غدار ہیں۔ جنھوں نے ہندوستان کی آزادی اقوام مغرب کو بیچی اور بہت ارزاں بیچی۔ ان میں سے ایک "بنگال" کا میر جعفر اور دوسرا دکن کا "میر صادق" ہے اقبال کی آنکھوں سے حیرت و استعجاب کی کیفیت ابھی مٹی بھی نہیں کہ ابواب فلک وا ہوتے ہیں اور اقبال ایک حسینہ کو فضائے بسیط کی پنہائیوں سے اترتا ہوا دیکھتے ہیں۔ اس کا حسنِ عالم آشوب اقبال کی آنکھوں کو خیرہ کر دیتا ہے لیکن اس کے پاؤں کی مضبوط اور وزنی زنجیریں چندھیائی ہوئی آنکھوں کو اشک آلود بنا دیتی ہیں اور اقبال کا دل تڑپ اٹھتا ہے جب وہ پیر رومیؒ سے سنتے ہیں کہ یہ حسینہ روحِ ہندوستان ہے جس کے

پاؤں میں غلامی کی مضبوط زنجیریں پڑی ہوئی ہیں۔ روح ہندوستان اپنے ایک فرزند سعید کو دیکھ کر بے اختیار وجد سرا ہوتی ہے اور اس کا نوحہ اقبال کے شاہکار "جاوید نامہ" کا شاہکار ہے۔ سنیئے اور ان کانوں سے سنئیے جن کانوں سے اقبال نے سنا تھا۔ تڑپ جایئے اور اس طرح تڑپیئے جس طرح اقبالؒ تڑپا تھا اور کوشش کیجئے کہ سرزمین ہند پھر کسی جعفر و صادق کو نہ پیدا کر سکے اور اگر پیدا ہو تو آپ کے دست و بازو اس کو قوم فروشی کا موقع نہ دے سکیں۔

شمعِ جاں افسرد در فانوسِ ہند
ہندیاں بیگانہ از ناموسِ ہند
مردکِ نامحرم از اسرارِ خویش
زخمۂ خود کم زند بر تارِ خویش!
بندہا بر دست و پائے من ازوست
نالہ ہائے نارسائے من ازوست
خویشتن را از خودی پرداختہ
از رسوم کہنہ زنداں ساختہ
کے شبِ ہندوستاں آید بروز!
مُرد جعفر زندہ روحِ اُو ہنوز!
تا ز قیدِ یک بدن وامی رہد
آشیاں اندر تنِ دیگر نہد!
گاہ اُورا با کلیسا ساز باز
گاہ پیشِ دیریاں اندر نیاز

دینِ اُو آئینِ اُو سوداگری است

عنتری اندر لباسِ حیدری است

ظاہرِ اُو از غمِ دیں دردمند

باطنش چوں دیریاں زنّار بند

جعفرؔ اندر ہر بدن ملت کُش

ایں مسلمانے کہن ملت کش است!

خند خنداں است و باکس یار نیست

مار اگر خنداں شود جز مار نیست!

از نفاقش وحدتِ قومے دونیم

ملتِ او از وجودِ او لئیم!

ملتے را ہر کجا غارت گرے است

اصلِ او از صادقے یا جعفرے است

الاماں از روحِ جعفرؔ الاماں

الاماں از جعفرانِ ایں زماں!"

(ترجمہ:

ہندوستان کے فانوس کے اندر زندگی کی شمع بجھ گئی ہے اور ہندوستان والے ہندوستان کے ناموس سے بیگانہ ہیں۔

وہ شخص جو اپنے اسرار سے ناواقف ہے اپنے سازِ دل کے تاروں پر مضراب نہیں لگا سکتا۔

اس کی وجہ سے ہمارے ہاتھ اور پاؤں میں (غلامی) کی زنجیریں ہیں اور ہمارے نالے

نار سا ہیں۔

ہندوستان کی رات، دن میں کیسے بدل سکتی ہے ؟کیونکہ (غدار) میر جعفر تو مر گیا، لیکن اس کی روح ابھی زندہ ہے۔

جب وہ ایک جسم کی قید سے رہا ہو جاتی ہے تو دوسرے جسم میں اپنا گھر بنا لیتی ہے۔

کبھی وہ (اہل) کلیسا سے ساز باز کرتی ہے تو کبھی بتکدہ والوں سے نیاز مندی کا اظہار کرتی ہے۔

ان کا دین و آئین سوداگری ہے اور ان کا کام حیدری کے لباس میں عنتری ہے۔

ایسے لوگ ظاہر میں دین کا غم تو ظاہر کرتے ہیں، لیکن باطن میں بت پرستوں کی طرح زنّار پہنے ہوئے ہیں۔

جعفر ہر بدن میں ملت کو مٹانے کے درپے رہتا ہے اور ایسے (بظاہر) مسلمان ملت کُش ہیں۔

1ایسے لوگوں کی ہنسی (ایک دھوکہ ہے) وہ کسی کے دوست نہیں ہوتے۔ اگر سانپ ہنسنے لگے تو وہ سانپ ہی رہتا ہے (یعنی بظاہر ملت کے ہمدرد لیکن ملت کے لئے زہرناک۔

1جہاں کہیں بھی کوئی ملت کا غارت گر ہے تو اس کی اصل صادق یا جعفر ہے (غداری کرنے والے)

1روحِ جعفر سے اللہ کی پناہ، اس زمانے کے جعفروں سے اللہ کی پناہ۔)

اس غلامی کے تصور سے اقبال پر ندامت و شرمندگی کی جو کیفیات طاری ہوتی ہیں وہی ان کے کلام کے اثر کی روح ہیں۔ غلامی میں ساری قوم مبتلا ہے۔ لیکن ایسا محسوس ہوتا ہے کہ ساری قوم کی شرمندگی سمٹ کر قلب اقبال میں جمع ہو گئی ہے۔ وہ اس عالم غلامی میں اپنے "قیامِ صلوۃ کو بے حضور" اور اپنے سجدے کو بے سرور پاتے ہیں۔ باوجود اس

کے کہ حق نے اپنے صدہا جلوؤں کو ان پر بے نقاب کر دیا۔

لیکن ان کی حق پرستی کا اعلیٰ ترین مقام یہ ہے کہ وہ قلبِ غلام کو جلوۂ حق کے ایک نفس کا بھی مستحق نہیں پاتے ان کے نزدیک غلام، جلالِ خداوندی اور جمالِ لازوالی سے بے خبر ہے اور اس سے بڑھ کر وہ غلام میں کسی لذتِ ایمان کی تلاش کو بے سود سمجھتے ہیں چاہے وہ حافظ قرآن ہی کیوں نہ ہو۔ ان کے نزدیک صرف عیدِ آزاداں شکوہِ ملک و دیں ہے اور غلاموں کی عید مومن کہلانے والوں کے ہجوم سے زیادہ کچھ نہیں۔

از قیامِ بے حضورِ من مپرس
از سجودِ بے سرورِ من مپرس
جلوۂ حق گرچہ باشد یک نفس
قسمتِ مردانِ آزاد است وبس
مردے آزادے چو آید در سجود
در طوافش گرم روچرخِ کبود
ما غلاماں از جلالش بے خبر
از جمالِ لازوالش بے خبر
از غلامے لذتِ ایماں مجو
گرچہ باشد حافظِ قرآن، مجو
عیدِ آزاداں شکوہِ ملک و دیں
عیدِ محکوماں ہجومِ مومنیں!

(ترجمہ:

ہماری (نمازوں) کے بے حضور قیام اور ہمارے بے سرور سجدوں کا حال نہ پوچھ!

حق کا جلوہ اگرچہ ایک دم (کچھ دیر) کئے لئے کیوں نہ ہو، وہ صرف آزاد مردوں کی قسمت میں ہوتا ہے۔

مردِ آزاد جب سجدہ کی حالت میں ہوتا ہے تو آسمان اس کے اطراف طواف کرتے ہیں۔

اور ہم غلام (ایسے سجدہ) کے جلال اور جمال۔ لازوال سے بے خبر ہیں۔

غلام (کے دل) میں ایمان کی لذت مت تلاش کر، چاہے وہ قرآن کا حافظ ہی کیوں نہ ہو۔

آزادوں کی عید ملک و دیں کا شکوہ (جلال و دبدبہ) ہے۔ محکوموں کی عید محض ایک ہجوم ہے۔

اس ندامت و شرمندگی کا انتہائی مقام وہ ہے جہاں اقبالؒ حالتِ غلامی میں اپنی زبان سے آقائے کائنات ﷺ کے حضور خجالت سے عرق عرق ہو جاتے ہیں۔ ان کے نزدیک اس بندۂ خدامست وخود آگاہ کا اسمِ گرامی تقدس و پاکی کا وہ نشان ہے جس کو کسی غلام کی زبان سے آلودۂ تکلم نہ ہونا چاہئے۔ جس کی صدائے قم نے غلاموں کی قبروں سے لاکھوں مردوں کو اٹھا کر آزادی کے تخت پر بٹھایا۔ اقبال اپنے آپ کو عالم غلامی میں اس کے نام نامی پر درود پڑھنے کے قابل بھی نہیں پاتا۔

گرچہ دانا حالِ دل باکس نگفت

از تو دردِ خویش نتوانم نہفت

تا غلامم در غلامی زادہ ام

زِ آستانِ کعبہ دور افتادہ ام

چوں بنامِ مصطفےٰ خوانم درود

از خجالت آب می گردد وجود

عشق می گوید کہ "اے محکومِ غیر

سینۂ تو از بتاں مانندِ دیر

تا نداری از محمد ؐ رنگ و بو

از درودِ خود میالا نامِ اُو"

(ترجمہ:

گرچہ دانا آدمی نے کبھی کسی سے اپنے دل کا حال بیان نہیں کیا، لیکن میں تجھ سے اپنا درد نہیں چھپا سکتا۔

میں غلام ہوں اور غلامی (کے دور) میں پیدا ہوا ہوں، اس لئے میں کعبہ کے آستاں سے دور جا پڑا ہوں۔

جب میں حضرت محمد ﷺ کے نام پر درود بھیجتا ہوں تو شرمندگی سے میرا وجود پانی پانی ہو جاتا ہے۔

عشق کہتا ہے (طعنہ دیتا ہے) کہ "اے محکومِ غیر! تیرا سینہ تو بتوں کی وجہ سے بتخانہ کے مانند ہے۔"

جب تک تو حضرت محمد ﷺ کا رنگ و بو ہی نہیں رکھتا (تو) اپنے درود سے اُس نام (مبارک) کو آلودہ نہ کر۔)

"دل روشن اور نفسِ گرم"

اقبال نے ایک سے زیادہ مقامات پر آزاد و محکوم کا فرق واضح کیا ہے انھوں نے بتایا کہ آزاد و محکوم میں کوئی نسبت نہیں ہوتی آزاد کے رگ کی سختی، مظلوم کے رگ تاک کی طرح نرم رگ میں پیدا نہیں ہو سکتی، ایک کا دل زندہ، پُر سوز اور طربناک اور دوسرے کا

دل مردہ، افسردہ اور نومید ہوتا ہے، ایک کی دولت دلِ روشن اور نفس گرم اور دوسرے کا سرمایہ فقط دیدہ نمناک یہاں تک کہ ایک خواجۂ افلاک ہے اور دوسرا بندۂ افلاک۔ اقبالؒ اپنی ملت کو پہلی صف میں دیکھنا چاہتے ہیں اور دوسری صف کو الگ کرنا چاہتے ہیں کتنے کان ہیں جو ان کو صحیح سن رہے ہیں۔

آزاد کی رگ سخت ہے مانندِ رگِ سنگ
محکوم کی رگ نرم ہے مانندِ رگِ تاک
محکوم کا دل مردہ افسردہ پُر نومید
آزاد کا دل زندہ و پُر سوز و طرب ناک
آزاد کی دولت دلِ روشن، نفسِ گرم
محکوم کا سرمایہ فقط دیدۂ نمناک
محکوم ہے بیگانۂ اخلاص و مروّت
ہرچند کہ منطق کی دلیلوں میں ہے چالاک
ممکن نہیں محکوم ہو آزاد کا ہمدوش
وہ بندۂ افلاک ہے، یہ خواجۂ افلاک
پیشۂ روبہی

اس فرق کا نمایاں کرنے کے بعد انھوں نے کبھی دنیا کی ہر مشہور رو محکوم قوم کو اور کبھی ان میں سے ہر ایک کو جدا جدا مخاطب کیا ہے اور درسِ آزادی دیا ہے، وہ کبھی اقوام مغرب کی طرف پلٹ کر کہتے ہیں کہ جلوہ کے رنگ رنگ سے باہر نکلیں اور ترکِ فرنگ کے ذریعہ اپنی خودی کو پہچانیں اور حاصل کریں۔ ان کو سکھاتے ہیں کہ "مکر غربیاں" سے واقف ہو جانے کے بعد "پیشہ روباہی" سے کام نہیں چلتا اس میدان میں شیر ہی جی

سکتے ہیں اور صرف شیر اور پھر شیر و روباہ کی تمیزیوں سکھائی کہ ایک کی تلاش صرف عیش و عشرت ہے تو دوسرے کی صرف آزادی۔

گرزِ مکرِ غربیاں باشی خبیر
رو بہی بگذار و شیری پیشہ گیر
چیست روباہی تلاشِ ساز و برگ
شیر مولا جوید آزادی و مرگ

ترجمہ:

اگر تو مغربیوں کے مکر (فریب) سے باخبر ہے تو روبہی (لومڑی کی چال) چھوڑ دے اور شیری کا پیشہ (طریقہ) اختیار کر لے۔
روباہی کیا ہے؟ ساز و سامان کی تلاش اور شیر مولا آزادی اور (باعزت) موت چاہتا ہے۔)

خودی اور لذتِ نمود

وہ کبھی فلسطین کے عربوں کی طرف مڑتے ہیں اور ان کو سمجھاتے ہیں کہ تیرے وجود میں اب بھی وہ آگ چھپی ہوئی ہے جس کے سوز سے زمانہ فارغ نہیں ہوا، ان کی رہبری کرتے ہیں کہ۔۔۔۔۔ تمہاری دوا جینو ا یا لندن میں نہیں، کیوں کہ فرنگ کی جان تو یہود کے پنجہ میں پھنسی ہوئی ہے۔ وہ کہتے ہیں کہ میں نے غلام قوموں کی نجات کا صرف ایک ہی نسخہ تلاش کیا وہ ان قوموں میں خودی کی بیداری اور لذتِ نمود ہے۔ ان ہی کی زبان سے سنیئے۔

زمانہ اب بھی نہیں جس کے سوز سے فارغ

میں جانتا ہوں وہ آتش ترے وجود میں ہے!

تری دوا نہ جینوا میں ہے، نہ لندن میں

فرنگ کی رگِ جاں پنجۂ یہود میں ہے!

سنا ہے میں نے غلامی سے اُمتوں کی نجات

خودی کی پرورش ولذتِ نمود میں ہے!

ان کو ہم کبھی حجازی عربوں سے مخاطب پاتے ہیں وہ انہیں روح پاک مصطفےٰ کا واسطہ دیتے ہیں اور بتاتے ہیں کہ تمھاری بداعمالیوں نے اس روحِ مقدس کو تڑپا رکھا ہے، ایک جگہ کہتے ہیں۔

لے گئے تثلیث کے فرزند میراثِ خلیلؑ

خشتِ بنیادِ کلیسا بن گئی خاکِ حجاز!

کبھی کبھی زندگی کا گُر یوں سکھاتے ہیں۔

بندگی میں گھٹ کے رہ جاتی ہے اک جوئے کم آب

اور آزادی میں بحرِ بیکراں ہے زندگی

کبھی ان سے کہتے ہیں کہ جس نے اپنے آپ کو خودی کے بندھنوں سے چھڑایا اور بیگانوں کے ساتھ پیوست کیا وہ مر گیا اور اگر زندگی چاہتے، تو افسونِ فرنگی کو پہچانو اور اس کے افسوں کو آستینوں میں چھپا ہوا دیکھنے کی کوشش کرو۔ اس کا علاج ایک اور صرف ایک ہے کہ تمھارے جسم روحِ عمرؓ سے معمور ہو جائیں۔

ہر کہ از بندِ خودی وارست، مُرد

ہر کہ با بیگانگاں پیوست، مُرد

آنچہ تو با خویش کردی کس نکرد

روحِ پاکِ مصطفےٰ آمد بدرد!

اے زِ افسونِ فرنگی بے خبر

فتنہ ہا در آستینِ اُو نگر

از فریبِ اُو اگر خواہی اماں

اشترانش راز حوضِ خود براں

عصرِ خود را بنگر اے صاحب نظر

در بدن باز آفریں روحِ عمرؓ

(ترجمہ:

وہ مردہ ہے جس نے خودی کی پابندی کو ترک کر دیا اور جس نے غیروں سے اپنا رشتہ جوڑ لیا۔

جو کچھ تو نے خود کے ساتھ (ناروا سلوک) کیا ہے کسی نہ کیا۔ (تمھارے کرتوتوں نے) روحِ پاکِ مصطفےٰ (صَلَّی اللہُ عَلَیْہِ وَسَلَّم) کو دردمند کر دیا ہے۔

اے کہ تو فرنگی کے جادو سے بے خبر ہے۔ اس کی آستین میں چھپے ہوئے فتنوں کو دیکھ!

اگر تو اُس کے فریب سے امان چاہتا ہے، تو اُس کے اونٹوں کو اپنے حوض سے ہانک دے (دور کر دے)

اے صاحب نظر! اپنے زمانے کو دیکھ اور اپنے بدن میں روحِ عمرؓ کو پھر پیدا کر۔)

اقبال نے بعض مقامات پر اپنے آپ کو پوری طرح عیاں کر دیا ہے خصوصاً ان کا آخری چھوٹا سا رسالہ۔ "پس چہ باید کرد اے اقوام شرق" ان کے بے پردہ و بے پنہاں تعلیمات کا حامل ہے، اس میں انھوں نے آزادی حاصل کرنے کے جو گر سکھائے اور

قوموں کو جس طرح پیغام آزادی دیا ہے اس کا نچوڑ شاید آپ کو ان چند شعروں میں ملے۔ میں ان کی تشریح نہ کروں گا۔ عرب کا مشہور مقولہ ہے !"الکنایۃ ابلغ من الصراحۃ"(اشارہ و کنایہ وضاحت سے زیادہ بلاغت رکھتا ہے) سمجھنے کی کوشش کیجئے کہ جو نہیں سمجھتا وہ نہیں اٹھتا وہ نہیں چلتا اور جس کے پاؤں آشنائے راہ نہ ہوں وہ ہمیشہ بیگانۂ منزل رہتا ہے۔

اے اسیر رنگ، پاک از رنگ شو
مومنِ خود، کافرِ افرنگ شو
رشتۂ سود وزیاں در دستِ تست
آبروئے خاوراں در دستِ تست
ایں کہن اقوام را شیر ازہ بند
رایتِ صدق وصفا را کن بلند
اے امینِ دولتِ تہذیب ودیں
آں یدِ بیضا بر آر از آستیں
خیز واز کارِ اُمم بکشا گرہ
نشۂ افرنگ را از سر بنہ
دانی از فرنگ واز کارِ فرنگ
تا کجا در قیدِ زنارِ فرنگ
زخم ازو نشتر ازو سوزن ازو
ما وجوئے خون وامیدِ رفو
اہل حق را زندگی از قوت است

قوتِ ہر ملّت از جمعیت است

رائے بے قوت ہمہ مکر و فسوں

قوت بے رائے جہل است و جنوں

(ترجمہ:

تو رنگ کا اسیر ہے (یعنی رنگ، نسل وغیرہ) کے امتیازات میں گرفتار ہے۔ اس رنگ سے پاک ہو جا۔ اپنا مومن اور افرنگ کا کافر بن۔

تیرے نفع و نقصان کا رشتہ خود تیرے ہاتھ میں ہے۔ مشرق والوں کی آبرو تیرے ہاتھ میں ہے۔ 1(ان پرانی (بکھری ہوئی) قوموں کی شیرازہ بندی کر، صدق و صفا کے جھنڈے کو بلند کر۔

اے تہذیب و دین کی دولت کے امین، ید بیضا کو اپنی آستین سے باہر نکال۔

اٹھ! اور قوموں کے کاموں میں پڑی ہوئی گرہ کو کھول دے۔ اپنے سر سے افرنگ کا نشہ نکال دے۔

زخم بھی اُسی کی نشتر سے (لگائے ہوئے ہیں) اور سینے والی سوئی بھی اُسی کی ہے۔ ہم ہیں اور خون کی ندی ہے اور (اسی) سے امید رفو (رکھتے ہیں) (یعنی فرنگ زخم لگانے والا ہے اور اس زخم کو سینے کی کوشش کرتا ہے تاکہ ہم اسے ہمدرد سمجھیں، یہ کیسے ممکن ہے ؟)

اہل حق کی زندگی قوت سے (قائم) ہے اور ہر ملت کی قوت (کا انحصار) جمعیت (اتحاد سے) ہے۔

دانائی بغیر قوت کے محض مکر و فسوں (بے حقیقت ہے) اور دانائی بغیر قوت کے جہل اور جنوں ہے۔)

## آزادیِ انسانیت

اقبال نے جو درسِ خودی دنیا کو دیا اور جو اس کے پیام کی اصل اور اس کی شاعرانہ اور حکیمانہ زندگی کی روح تصور کی جاتی ہے۔ اقبال فہم مجھے معاف کریں اگر میں کہوں کہ وہ اصل نہیں ذریعہ ہے۔ اقبال کا پیام ہو کہ مرکزیت یا اقبال کی تعلیم و تمدن ہو کہ حاکمیت ان سب کی روح انسانیت کی آزادی کا ذریعہ ہے اور آزادیِ انسانیت کو اقبال کا اصلی پیام سمجھتا ہوں۔ اگر آپ اقبال سے خود پوچھیں کہ خودی کی بیداری کا فائدہ؟ مرکزیت کا نتیجہ ؟ وحدت قوم وملت کا مآل؟ (تو جواب یہی ہے)

به مصطفیؐ برساں خویش را کہ دیں ہمہ اوست
اگر بہ او نرسیدی تمام بولہبی است

ترجمہ

(حضرت مصطفیٰ (ﷺ) تک اپنے آپ کو پہنچا کہ دین کا تمام تر وجود انؐ کی ہی بدولت ہے۔ اگر (اُن کے آستانہ تک) رسائی نہیں ہے تو (ہر کام) بولہبی ہے۔)

اقبالؒ کہتے اور آج بھی سننے والوں کو روح اقبالؒ جواب دے رہی ہے کہ یہ سب اس لئے کہ انسان اپنا اصلی مقام پہچانے اور غیر اللہ کے تسلط و استبداد سے نکل کر حریتِ کاملہ کا تاج پہنے اور آزادی کے تخت پر جلوہ فرما ہو جائے۔

ماخوذ از (۱) "سیاسی تقاریر" لسان الامت بہادر یار جنگ "ناشر دار الاشاعت سیاسیہ حیدرآباد دکن مطبوعہ نومبر ۱۹۴۱ء مرتبہ سید علی شبیر حاتمی و محمد اقبال سلیم گاہندری۔

(۲) "فکر اقبال" مرتبہ غلام دستگیر رشید، ناشر نفیس اکیڈیمی حیدرآباد۔ مطبوعہ اکتوبر ۱۹۴۱ء

***

# اے کہ ترا سرِ نیاز حدِّ کمالِ بندگی

## بہادر یار جنگ

(بہادر یار جنگ شاعری بھی کیا کرتے۔ تخلص خلقؔ تھا۔ ان کے یہ نعتیہ اشعار جذباتِ عقیدت کے آئینہ دار ہیں۔)

اے کہ ترے وجود پر خالقِ دو جہاں کو ناز
اے کہ ترا وجود تھا وجہِ وجودِ کائنات
اے کہ ترا سرِ نیاز حدِّ کمالِ بندگی
اے کہ ترا مقامِ عشق قرب تمامِ عینِ ذات
اے کہ تری زبان سے ربِّ قدیر گلفشاں
وحیِ خدائے لم یزل تھی تری ایک ایک بات
اے کہ تو فخر آدمی، واقفِ سرِّ عالمیں
لَوح و قلم سے بے نیاز تیرے علومِ شش جہات
تیرے عمل سے کھل گئیں، تیرے بیاں سے حل ہوئیں
منطقیوں کی اُلجھنیں، فلسفیوں کی مشکلات
خوگرِ بندگی جو تھے، تیرے طفیل میں ہوئے

مالکِ مصروکاشغر، وارثِ دجلہ وفرات
مجھ سے بیاں ہو کس طرح رفعتِ شانِ احمدیؐ
تنگ مرے تصورات، پست مرے تخیّلات

* * * * *

# قائد ملت اور بزمِ اقبال حیدر آباد دکن

## حسن یار جنگ

صدر بزم اقبال حیدر آباد دکن

۱۹۳۰ء میں مَیں اعلیٰ تعلیم کی غرض سے انگلستان چلا گیا لیکن علامہ اقبال کے کلام کا مطالعہ وہاں بھی مجھ سے نہیں چھوٹا۔ ۱۹۳۹ء میں جب میں اپنی تعلیم مکمل کر کے حیدر آباد واپس پہنچا تو یہ وہ زمانہ تھا۔ جب میرے دوست اور ہم خیال رفیق نواب بہادر یار جنگ نے مجلس اتحاد المسلمین کے صدر کی حیثیت سے عوامی جلسے کرنے اور عوام میں مذہبی بیداری پیدا کرنے کا کام شروع کر دیا تھا۔

یہاں نواب بہادر یار جنگ سے میرے ذاتی تعلقات کا ذکر بے جا نہ ہو گا۔ مدرسہ عالیہ نظامیہ کالج میں ابتدائی تعلیم کے زمانہ ہی سے نواب بہادر یار جنگ سے میری ملاقات تھی۔ نواب صاحب مختصر عرصہ تک فرسٹ فارم میں میرے ہم جماعت بھی رہے تھے۔ ہم دونوں کے خیالات میں یکسانیت کے سبب ہماری ملاقات نے مخلصانہ دوستی کی صورت اختیار کر لی جو نواب صاحب کے انتقال تک نہ صرف جاری رہی بلکہ اس میں اضافہ ہوتا رہا۔ میرے پاس مرحوم کے ہاتھ کے لکھے ہوئے ایسے متعدد خطوط موجود ہیں جن سے یہ بات بخوبی ظاہر ہوتی ہے۔

انگلستان سے واپسی کے بعد بھی نواب بہادر یار جنگ سے میری ملاقاتوں کا سلسلہ

جاری رہا اور اسلامی اور سیاسی مقاصد کے لئے مشوروں میں مَیں ان کا ساتھی رہا۔ ان کی اعلیٰ خطابت اور ذہانت کی وجہ سے عوام میں ان کی مقبولیت میں روز افزوں ترقی ہوتی رہی۔ علامہ اقبال کے کلام اور فلسفہ سے مجھے جو لگاؤ رہا تھا، نواب صاحب اس سے خوب واقف تھے۔ ہمارا مقصدِ حیات یہ تھا کہ مسلم عوام میں اسلامی جذبہ نہ صرف پیدا ہو بلکہ اس میں روز افزوں ترقی ہوتی رہے حتیٰ کہ مسلمان اپنے صحیح مقام سے واقف ہو جائیں اور اغیار نے ریاست پر جو مخالفانہ حملوں کا سلسلہ شروع کیا تھا اس کا صحیح طریقہ سے مقابلہ کر کے اس کا خاتمہ کیا جا سکے۔ نواب بہادر یار جنگ کی خواہش تھی کہ میں بھی ان کے ساتھ میدانِ عمل میں قدم رکھوں، مگر بدقسمتی سے اعلیٰ حضرت نظامِ دکن نے خانوادۂ شاہی سے تعلق رکھنے والے افراد کو سیاست میں حصہ لینے سے منع کر رکھا تھا لیکن علامہ اقبال کے کلام و پیام سے میرے لگاؤ نے میرے لئے ایک نئی راہ ہموار کر دی اور میں نے نواب بہادر یار جنگ کے مشورے سے بزمِ اقبال کے ادارہ میں عملی قدم جما دیا کیونکہ ہمارا جو مقصدِ حیات تھا وہ اس عملی ادارے کے ذریعے ہی پوری طرح تکمیل پا سکتا تھا۔

(اقبال اور بزم اقبال "حیدرآباد دکن۔ مرتبہ عبد الرؤف عروج" کے دیباچہ سے اقتباس)

اوروں کا ہے پیام اور ، میرا پیام اور ہے

# شذرات

٭٭

"ملت اسلامیہ میں مذہبی حیثیت سے مختلف مکاتیب خیال کو وجود میں آکر صدیاں گزر گئیں۔ ہر نئے مکتبِ خیال نے جس کو آج عرف عام میں فرقہ کہا جاتا ہے، دنیا میں اپنی جگہ پیدا کرنے کے لئے اور ہر پرانے مکتب خیال نے ان نئے مکاتیب خیال کو اُبھرنے سے روکنے کے لئے اپنی جد وجہد و کوشش کا کوئی مقام اٹھا نہیں رکھا۔ آج ہمارا فنِ مناظرہ کا لٹریچر انہی اختلافی مباحث کی گتھیوں سے اُلجھا پڑا ہے۔ عقیدۂ قدیم اور فکرِ جدید نے ابتداً سنجیدہ بحث و نظر کی صورت اختیار کی لیکن رفتہ رفتہ تفوق و برتری کے جذبات نے خلیجوں کو وسیع تر کیا اور تردید و اختلاف نے ترک و تکفیر تک نوبت پہنچا دی۔ نتیجۃً آج ہم خدائے واحد کے پرستاروں اور ایک نبیؐ کے ماننے والوں اور ایک کتاب سے اکتساب ہدایت کرنے والوں کو ایک دوسرے کے اسلام و ایمان کا منکر پا رہے ہیں اور جب ایک دوسرے کے نقطۂ خیال سے دنیا میں ملت اسلامیہ کو تلاش کرنے کی کوشش کرتے ہیں تو ہمیں کافروں کے سوا کہیں مسلم کا پتہ نہیں ملتا! کیا عالمِ اسباب کا کوئی واقعہ اس سے زیادہ قابلِ ماتم ہو سکتا ہے؟

ممکن ہے میرے یہ خیالات آپ کے بعض بنیادی اصول سے ٹکرائیں لیکن میں ان سارے اندیشوں سے بے نیاز ہو کر آپ سے درخواست کرتا ہوں کہ اب اختلافی مسائل پر ایک دوسرے سے الجھنا چھوڑ دیجئے۔ "الٰہیات کے ان لات و منات" نے ہمارے لمحاتِ حیات سے خدا پرستی کی فرصت کو چھین لیا ہے۔ اختلافی مسائل پر جو کچھ کہا گیا اور

جتنا کچھ لکھا گیا وہ کافی سے بہت زیادہ تھا، اور اگر اس نے سب مسلمانوں کو ہم خیال نہ کیا تو کیا آج توقع رکھتے ہیں کہ آپ کوئی بہتر نتیجہ پیدا کر سکیں گے؟

**

## ایک صاحبِ سجادہ دوست کے نام۔۔۔۔۔

("مجھ رندِ بادہ خوار سے پوچھو، یہ مشیخت تو کچھ تم کو بھاتی نہیں، دنیا کارگہِ عمل ہے، اس کو بھی تم نے عزت گزینی ہی میں گزار دیا تو اللہ میاں کے سوال کا کیا جواب کہ زندگی میں کیا کر آئے، اللہ حجروں کی چار دیواری کے اندر نہیں، آفاق کے ذرّہ ذرّہ میں، بیکسوں کی آہ و بکا میں، بے وسیلوں کے نالہ و شیون میں، مظلوموں کی کراہ میں، داد خواہوں کی تڑپ میں، اس کے راستہ میں رسوائیوں اور ذلت میں ملے گا، باہر نکلو اور دیکھو، اشرف المخلوقات انسان، حامل بار امانت انسان، خلیفۃ اللہ انسان، کس طرح ذلیل و خوار ہو رہا ہے، اسکی سربلندیوں کا سامان کرو، یہی اصل عبادت، یہی اصل دین ہے۔۔۔۔۔ میری نہیں سنتے تو سعدیؒ کی سنو:

طریقت بجز خدمت خلق نیست
بہ تسبیح و سجادہ و دلق نیست

خدا تم کو اچھا رکھے، اپنی محبت میں ایسا سرشار کرے کہ اس کی کائنات کے چھوٹے سے چھوٹے ذریعہ کی بے قراری تم کو تڑپا دے اور گوشۂ عزلت سے باہر کھینچ نکالے، والسّلام"۔)

مکتوب ۲۲۵ / ۲۴ مئی ۱۹۳۸ء

***

## حیاتِ بہادر یار جنگؒ بہ یک نظر

☆

تاریخ ولادت

۵ مارچ ۱۹۰۵ء

☆

تاریخ وفات والدہ صاحبہ

۱۳ مارچ ۱۹۰۵ء

☆

تاریخ وفات والد صاحب

۱۹۲۳ء

☆

تاریخ شادی خانہ آبادی

۳۰ مئی ۱۹۱۹ء

☆

تاریخ ولادت دختر نیک اختر

۸ مارچ ۱۹۳۷ء

☆

تاریخ وفات دختر نیک اختر

۲۴ اکتوبر ۱۹۳۷ء

☆

مجلس تبلیغ اسلام کا قیام

۱۹۲۷ء

☆

مجلس وضع قوانین کی صدارت

۳۱ ڈسمبر ۱۹۲۹ء

☆

مجلس جاگیر داران کی صدارت

۲۲ ستمبر ۱۹۳۰ء

☆

تاریخ سر فرازئ خطاب

۲۵ نومبر ۱۹۳۰ء

☆

روانگی بعزمِ حج

۱۲ اپریل ۱۹۳۱ء

☆

جدہ میں آمد

۲۲ اپریل ۱۹۳۱ء

☆

روانگیِ منیٰ

۲۶اپریل ۱۹۳۱ء

☆

وقوفِ عرفات

۲۷اپریل ۱۹۳۱ء

☆

ملاقات شاہ ابن سعود اور امیر فیصل مرحوم

۴مئی ۱۹۳۱ء

☆

مدینہ منورہ میں آمد

۸مئی ۱۹۳۱ء

☆

روانگی بیروت

۲۲مئی ۱۹۳۱ء

☆

قاہرہ میں آمد

۱۶جون ۱۹۳۱ء

☆

دمشق میں آمد

۱۹جولائی ۱۹۳۱ء

☆

استنبول میں آمد

۱۷جولائی ۱۹۳۱ء

☆

بغداد میں آمد

۷اگست ۱۹۳۱ء

☆

طہران میں آمد

۲۱اگست ۱۹۳۱ء

☆

کابل میں آمد

۲۸ ستمبر ۱۹۳۱ء

☆

بلادِ اسلامیہ کے سفر سے واپسی

۱۳۰کتوبر ۱۹۳۱ء

☆

علامہ اقبال سے پہلی ملاقات

(مولانا خواجہ حسن نظامی مرحوم کے ہمراہ ڈاکٹر انصاری کے مکان پر دہلی میں)

۱۳مارچ ۱۹۳۳ء

☆

دہلی میں خطاب بعنوان "ایشیا کدھر سفر کر رہا ہے" (مولانا خواجہ حسن نظامی کی دعوت پر)

۲۴ مارچ ۱۹۳۲ء

☆

یوم اقبال منعقدہ حیدرآباد دکن سے خطاب

۱۵ ڈسمبر ۱۹۴۰ء

☆

لاہور میں مسلم لیگ کے جلسے سے خطاب

۲۴ مارچ ۱۹۴۱ء

☆

جاگیر و خطاب سے دستبرداری

۱۳ اکتوبر ۱۹۴۱ء

☆

مسلم لیگ کراچی کی تاریخی تقریر

۲۴ ڈسمبر ۱۹۴۳ء

☆

تاریخ وفات

۲۵ جون ۱۹۴۴ء

***

# بہادر یار جنگ کے خطباتِ صدارت سے چند اقتباسات

**

"ہماری ان تمام کوششوں کا انحصار دو چیزوں پر ہے۔ ایک نہایت مخلص، صداقت شعار بے لوث کارکن، دوسرا سرمایہ۔ گذشتہ پندرہ سالہ قومی جدوجہد میں، میں نے یہ تجزیہ کیا کہ کسی وقتی ضرورت کی تکمیل کے لئے جس میں جذبات کی برانگیختگی کا بھی کچھ نہ کچھ سامان ہو بڑی آسانی سے کارکن مہیا ہو جاتے ہیں۔ ان کی یہ آمادگی آنی اور اسی لئے فانی ہوتی ہے۔ اگر کوئی مستقل کام ان کے سپرد کیا جائے جو دل سے دماغ سے تعلق رکھتا ہو، جس کے نتائج فوری نہیں بلکہ دیررس ہوں اور جس میں ابتداً نہایت تحمل اور برداشت کے ساتھ مسلسل کام کرنا پڑے تو یہ اندازہ کیا گیا کہ بڑے جوش سے آمادہ ہونے والے آہستہ آہستہ میدانِ عمل سے ہٹ گئے اور کام چھوڑ دیا۔ میں سب سے زیادہ جس چیز کی طرف اپنے بھائیوں کو متوجہ کرنا چاہتا ہوں وہ استقامت اور عملِ پیہم کی منزل ہے۔"

(خطبۂ صدارت، ۹ جنوری ۱۹۴۰ء)

**

"یاد رکھو (قوموں کی زندگی میں) بارہا ایسے ادوار بھی آتے ہیں جب کہ اُن کا سب سے بڑا کمال لڑنا اور مر جانا نہیں، بلکہ باقی رہنا اور آگے بڑھنا ہوتا ہے۔"

(خطبۂ صدارت، ۹ جون ۱۹۴۰ء)

**

"یاد رکھو برق و باراں سے زیادہ سخت خدا کا وہ عذاب ہوتا ہے، جو قوموں پر محرومیِ فکرِ صحیح کی صورت میں نازل ہوتا ہے، خدا ہم کو اس عذاب سے محفوظ رکھے۔"

(خطبۂ صدارت ۹ جون ۱۹۴۰ء)

**

"میں اپنے ساتھیوں کا ممنون نہیں ہوں کہ انھوں نے اب کی مرتبہ پھر مجھے اپنا صدر منتخب کیا۔ نہ میں ذمہ داریوں سے گھبراتا ہوں، نہ مجھ پر نفس کی وہ ابتدائی کیفیات طاری ہوتی ہیں، جن کی وجہ سے عزتِ صدارت پر اِتراؤں۔ میں نہایت دیانت اور ایمانداری سے یہ محسوس کر رہا تھا کہ مجھے کم از کم ایک سال کے لئے صدارتی ذمہ داریوں سے سبکدوش کر کے پوری فرصت کے ساتھ موقع دیا جاتا کہ میں چند مخلص نوجوانوں کو ساتھ لے کر شہر کی ہماہمی سے دور کسی گمنام گوشہ میں بیٹھ جاتا اور آپ کے لئے ایسے معمار فراہم کرنے کی کوشش کرنا، جن کے سپرد اپنا مستقبل کر کے آپ مطمئن ہو سکتے ہیں۔"

(خطبۂ صدارت، ۳۱ ڈسمبر ۱۹۴۲ء)

**

"آج ہم کو اُن کی ضرورت نہیں ہے جو شجرِ ملّت پر پھول بن کر مہکنا چاہتے ہوں اور پھل بن کر کام و دہن کو شیریں کرنا چاہتے ہوں۔ ہمیں اُن کی ضرورت ہے جو کھاد بن کر زمین میں جذب ہوتے ہیں اور جڑوں کو مضبوط کرتے ہیں، جو مٹی اور پانی میں مل کر رنگین پھول پیدا کرتے ہیں۔ ہم کو ان کی ضرورت نہیں جو کاخ و ایوان کے نقش و نگار بن کر نگاہِ نظارہ باز کو خیرہ کرنا چاہتے ہوں۔ ہم ان بنیاد کے پتھروں کو چاہتے ہیں جو ہمیشہ کے لئے زمین میں دفن ہو کر اور مٹی کے نیچے دب کر استحکامِ عمارت کی ضمانت دے سکتے

ہوں۔۔۔"

(تقریر۔۲۶ڈسمبر ۱۹۴۳ء)

**

"قاید اور صدر کا سب سے بڑا ہتھیار، سخنِ دلنواز ہے۔ اس کی زبان کو تیر و نشتر نہیں بلکہ کمندِ محبت ہونا چاہئے اور اس کے نخچیر اپنے لوگ ہی نہیں بلکہ سب سے زیادہ ان کو ہونا چاہئے جو اپنے اندر کوئی نقص رکھتے ہیں اور یہ دونوں صفات اس وقت تک پیدا نہیں ہو سکتیں جب تک جان پر سوز نہ ہو۔"

(تقریر جلسۂ سالانہ لاتور، حیدرآباد دکن)

"اقبالِ نوائے عصر تھا۔ مبارک ہیں وہ جنھوں نے اس کی صدا پر لبیک کہا۔ کلام اقبال کو پڑھ کر سر دھننا اور وجد کرنا اقبال کی حقیقی قدر نہیں ہے۔ اقبال کے سارے کلام کا خلاصہ عمل ہے۔ اگر چند نوجوان بھی آمادہ عمل ہو گئے تو اقبال کی روح کو حقیقی مسرّت ہو گی۔"

(بہادر یار جنگ کے خط مورخہ :۱۰اپریل ۱۹۴۴ء سے اقتباس۔ مشمولہ مکاتیب بہادر یار جنگ مرتبہ نذیر الدین احمد۔ سن اشاعت۔۱۹۷۰)

*****

"بیسویں صَدی کے ہَر نوجوان کی طرح شاعری کا خبط شعور کی ابتدا کے ساتھ پیدا ہو چکا تھا۔ اور شوقِ شعر گوئی نے شعراء کے تذکروں اور دَواوین کی طرف متوجہ کر دیا۔ آج اپنے کلام کا پورا نمونہ سامنے آجاتا ہے تو بے اختیار ہونٹوں پر مسکراہٹ کھیلنے لگتی

ہے۔ لیکن آج سے پچیس برس قبل ہم اپنے کو غالبؔ اور ذوقؔ سے کچھ زیادہ نہیں تو کم بھی نہ سمجھتے تھے۔ ہماری شعر گوئی اور مطالعۂ دواوین کا سب سے اچھا وقت صبح کے ابتدائی لمحات ہوا کرتے تھے۔ لیکن جیسے جیسے اَدب نے ایک معیاری کیفیت پیدا کی تو خود بخود یہ احساس ہونا لگا کہ شاعر پیدا ہوتا ہے بنتا نہیں۔ اور ہماری میز سے ہٹ کر دواوین الماریوں کی زینت بنتے گئے اور "بانگِ درا" کے سوا میز پر کچھ باقی نہ رہا۔ آخری دور میں اگر کسی کے کلام نے اقبال کے کلام کا ساتھ دیا تو وہ مولانائے روم کی مثنوی اور سعدی کی گلستان تھی۔
"

(حوالہ: تقاریر و نگارشات بہادر یار جنگ۔ ناشر بہادر یار جنگ، اکادمی کراچی۔۱۹۸۷ء)

# فکرِ اقبال کا مثالی پیکر

"اقبالیات سے قایدِ ملت کا تعلق محض قال کی حد تک محدود نہ تھا بلکہ اس نے حال کی صورت اختیار کر لی تھی۔ علامہ اقبال کی تخلیقات کو انھوں نے اپنے نصب العین سے ہم آہنگ پایا۔ کیونکہ ان کے کلام میں قرآن کی ترجمانی، عشقِ رسولؐ کا والہانہ اظہار، اسلامی تصورات کی عکاسی، مسلمانوں کے لئے بیداری کا پیام اور ملت اسلامیہ کے عروج و زوال کا واضح نقشہ کھینچا گیا ہے۔ اقبال کی یہ فکر نواب بہادر یار جنگ کے قلب اور قالب میں متشکل ہو گئی۔ جب انھوں نے حیدرآباد میں بیداری کا نعرہ لگایا تو وہ ملت جو خوابِ غفلت میں مدہوش تھی بیدار ہو گئی۔ قائد ملت اقبال کے اس شعر کا مصداق بن گئے ۔

گماں آبادِ ہستی یقیں مردِ مسلماں کا
بیاباں کی شبِ تاریک میں قندیل رہبانی"

(سوانح بہادر جنگ، مرتبہ نذیر الدین احمد)

* * *

علامہ اقبال کے فلسفیانہ افکار و نظریات
پر مبنی کچھ اہم مضامین

# علامہ اقبال کا فلسفہ

مرتبہ : اعجاز عبید

بین الاقوامی ایڈیشن منظر عام پر آچکا ہے